KB069570

임상실무자의
자기돌봄과
회복탄력성

Sarah Parry 편저
이은진 · 조영미 공역

스트레스 및 공감피로 그리고 소진에 대한 대처

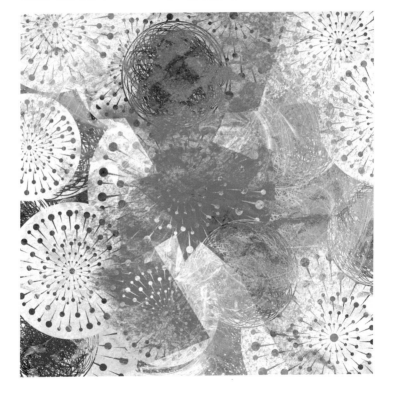

EFFECTIVE SELF-CARE
AND RESILIENCE
IN CLINICAL PRACTICE
DEALING WITH STRESS,
COMPASSION FATIGUE AND BURNOUT

학지사

Effective Self-Care and Resilience in Clinical Practice:
Dealing with Stress, Compassion Fatigue and Burnout
Edited by Sarah Parry

역자 서문

다양한 분야에서 열정을 꽃피우고 있는 임상실무자들은 서로 공유점이 있다. 임상실무자들은 타인과 진정으로 연결됨으로써 기쁨과 감사를 느끼고, 타인의 고통과 아픔을 함께하고 고군분투하면서 성장하는 과정을 거치게 된다. 이 책은 이론 위주의 설명글이 아니라 다양한 임상 분야의 전문가와 수련생의 생생한 체험이 엮여 있다. 이 책과 함께하다 보면, 고개를 끄덕이면서 마음으로 위로받고 공감받게 된다. 이야기의 나눔 그 자체가 울림이 있는 치유의 시간으로 경험된다.

상담자로서 내담자와 함께하는 여정은 보람차고 의미가 깊다. 또 한편으로는 상담자의 길이 평탄한 쉬운 길은 아니라고 생각한다. 우리는 내담자와 함께하는 여정에서 자신의 문제도 발견하고, 상담과정에서 정체된 느낌과 난관도 만나곤 한다. 상담자로서 한계점을 느끼고, 소진과 더불어 부적절감, 자기의심과 자기비판으로 이어지는 경험도 한다. 따라서 이 책에서 나누는 임상실무자의 자기돌봄과 회복탄력성은 임상실무자의 든든한 자산임을 다시 한 번 절감했다. 우리에게 소중한 보물과도 같은 자기돌봄은 마치 우리에게 신선한 공기와 생기를 불어넣어 주는 것 같다.

그렇다면 우리는 전문가로서의 삶과 개인적인 삶에서 '자기돌봄'

을 어떻게 개념화하고 실천할 수 있을까? 이러한 질문에 답을 정립해 나가는 시간은 중요하다. 우리는 스스로 자기돌봄에 대한 필요를 느끼고 있지만, 정작 자기돌봄을 어떻게 바라보고 구체적으로 어떻게 실천해 나갈지에 대해 성찰하는 시간이 부족하다. 이 책은 바로 이 부분에서 우리에게 방향을 찾아갈 수 있도록 안내한다. 이 책은 타인에게 진정한 돌봄을 주기 위해 고군분투하는 우리에게 필요한 자기돌봄을 '자비(compassion)'의 관점으로 풀어내고 있다.

자기자비(self-compassion)는 고통을 개방적으로 그리고 민감하게 대함으로써 고통을 덜어 내는 것으로, 상담자를 포함한 여러 분야의 조력 전문가의 자기돌봄의 실천 개념으로 타당하다고 볼 수 있다. 자기자비는 진정으로 타인을 돌보려면 우리 자신을 돌보아야 한다는 사실을 마음속에 각인하게 한다. 이 책에서 강조하는바, 자기자비는 고통을 피하는 것이 아니라 오히려 친절로 고통을 감싸 안는 것이다. 우리는 임상 현장에서 자신의 기준에 도달하지 못하거나 실수를 했을 때 자기비난을 하는 것에 익숙하고, 종종 소외감과 소진에 이르게 된다. 따라서 임상실무자의 자기자비를 토대로 한 자기돌봄이 수련과정에서부터 임상 현장까지 살아 숨 쉰다면 임상실무자의 소진 예방 및 성장, 개인적인 삶과 전문가적인 삶에서의 질 향상, 궁극적으로 내담자의 치유에 도움이 될 것이다.

이 책은 내담자(환자)와 상담자(치료자)의 관계뿐만 아니라 동료 관계, 공동체, 조직에서의 긍정적 방향성도 제시하고 있다. 경쟁이나 성과 위주가 아닌 자비를 토대로 한 조력하는 문화의 중요성을 시사하고 있다. 상담 실적만 강조하는 문화 속에서는 임상실무자는 지치고 성장할 수 없다. 이러한 맥락에서, 우리가 가치로운 상생하는 치유 문화의 장을 구축하는 것에 대한 자비에 기반한 실천전

략의 활용성을 알 수 있다.

　이 책에서 다루는 자기자비에 대한 개념과 실천, 자비를 통한 철학과 과학 수립, 수련과정과 임상 현장에서의 자비에 기반한 자기돌봄, 문화에 따른 자비의 개념 등을 함께 나누면서 우리의 삶과 임상 장면에서의 자비에 기반한 자기돌봄의 전체 그림을 그릴 수 있어서 이 자체가 치유 경험이 된다. 자신의 취약한 부분, 고통, 완벽하지 않은 모습을 자비의 관점으로 안아 주는 자기돌봄이 개인적으로, 공동체 안에서 행해지기를 기대한다.

　이 책과 함께 임상실무자로서 자신을 돌보는 시간을 가지기를 기대한다. 자기돌봄은 힘들 때뿐만 아니라 평소에 지속적으로 훈련해야 할 부분이라고 생각한다. 이 책은 우리 자신의 삶을 성찰하도록 안내하는 길라잡이가 될 것이다. 또한 이 책은 지지해 주고 위로해 주는 동료들의 목소리가 담겨 있어서 지지망으로 느껴지기도 한다.

　이 책과 함께하면서 성찰할 수 있는 기회를 가질 수 있어서 감사하며, 번역하는 과정 그 자체가 자기돌봄을 할 수 있는 기회였다. 학지사 김진환 사장님, 교정 작업을 해 주신 황미나 선생님, 출판 전 과정에 참여해 주신 학지사 관계자분들께도 감사드린다.

　2021년에도 서로 사랑하며 돌보며 상생하기를 기대한다.

역자 일동

이 책을 발간하며

폴 길버트(Paul Gilbert) 교수

폴 길버트(Paul Gilbert) 교수

최근 몇 년 동안 생리·심리·사회적 과정에서 친사회적 행동, 조력적 행동, 돌봄 행동, 자비로운 행동의 역할에 대한 관심이 증가하고 있다. 특히 현재 인간 활동의 중요한 역동에 대한 통찰을 제공해 주는 자비(compassion)에 대한 다양한 모델이 존재한다. 자비의 근원은 후손을 돌보는 것과 관련된 재생산 전략과 서로 도움을 주고받는 가치에서 찾을 수 있다. 우리는 경쟁적으로 자기이익을 추구하기보다는 친사회적 행동에 기여하는 신경생리적 기제(예: 미주신경계의 유수 부교감 신경, 옥시토신과 전두엽의 역할)를 확인하기 시작했다. 신자유주의 어젠다는 무한경쟁적인 자기이익 추구, 동족의식, 방어적인 태도를 지지하며, 그것은 결국 우리의 건강, 관계, 조직과 사회에 해를 입힌다.

경쟁적인 동기가 자리 잡는 불균형적 경쟁 사회는 사회적 비교 및 상대방에게 서로 창피를 주는 상황을 야기한다. 결국 이러한 경쟁적인 사회는 자기비판의 근원이 된다. 자기비판은 '충분히 좋음(good enough)'을 허용하지 않으며 거부에 대한 두려움에 사로잡히게 한다. 즉, 자신을 있는 그대로의 존재 자체가 아닌, 큰 생산조직의 한 대상으로 치부해 버리는 것이다. 우리는 이러한 환경에서 더 잘하고, 더 효율적으로 생산해 내고, 완벽하려고 애쓰며, 완벽하지 않을 때 우리 자신에게 좌절스러운 공격을 가해야 한다고 생각한다. 이러한 역동은 첫 장에서 아주 잘 탐색된다. 또한 이 책에서는 다양한 공동체와 문화에서의 자비의 본질에 대해 탐색할 것이다. 특히 건강관리 환경에서의 조직과 자비의 상호작용에 대해 살펴볼 것이다.

자비의 과학은 점차 활성화되고 중요시되고 있으며, 시급한 영역으로 간주되고 있다. 자비는 생생한 경험이자 우리가 창조한 이야기이며, 자비와 함께 살고 작업함으로써 얻게 되는 통찰과 연관된다. 이 책을 통하여 우리는 자비에 기반한 사고를 증진시킬 것이다. 즉, 우리는 자비가 어떻게 하나의 도전인 동시에 자기와 대인관계 속 다양한 측면으로의 여행인지에 관해 개인적 성찰을 하게 될 것이다. 이러한 깊은 통찰은 실험이나 통계 수치로부터 얻어지는 것이 아니라 생생한 경험의 깨달음으로부터 온다. 이 책은 우리의 통찰과 우리 자신 및 타인과의 관계를 향한 여행으로 안내해 줄 것이다.

편저자 서문

이야기 나눔을 통한 경험 탐색

사라 패리(Sarah Parry) 박사
맨체스터 메트로폴리탄 대학교 교수, 임상심리학자

다른 심리학자들처럼 나 또한 첫 연구는 수많은 수체계와 양적 분석(자료를 표와 그래프로 표상)에 기반을 두었다. 건강관리 분야에서는 양적 연구가 주를 이루며, 수많은 자료는 건강관리 서비스의 중요한 패턴과 성과를 알려 준다. 하지만 이러한 연구 결과들은 무엇이 변화했는지 그리고 언제 변화가 일어나는지에 관한 중요한 정보는 밝히더라도, 사람들이 **어떻게** 그리고 **왜** 특정한 경험을 하게 되는지에 관한 의미 있는 메시지는 조명해 주지 못한다.

나는 몇 해 전에 한 연구를 진행했는데, 창의적인 아이들이 얼마나 멋지게 풍부한 이야기를 하는지를 알게 되었다. 나는 수퍼바이저에게 질적 연구의 가능성에 대한 자문을 구하기 전에, 의구심 없이 이러한 이야기들을 수치와 그래프로 전환했다. 나의 수퍼바이저는 '이 자료가 무엇을 의미하는가?'라는 질문을 던졌다. 나는 이 수퍼바이저의 질문으로 인해 인간의 경험을 보고하고 경험에 대한 의미를 발전시키는 새로운 연구 방법이 있음을 인식했다. 몇 년 후의 임상심리 수련 기간 동안, 나는 질적 연구 방법을 통해 인간 경

험의 의미를 탐색할 수 있음을 알게 되었다. 질적 연구가 쉬운 연구
방식은 아니지만 나에게는 더 도움이 되었다.

　질적 연구 방법과 의미에 기반한 접근 방식으로 나는 연구를 즐
기게 되었고, 최선의 연구 결과를 도출하기 위해 나의 임상 작업과
기술을 의미 있게 접목할 수 있다. 질적 연구를 한 나의 경험으로는
질적 연구가 연구 참여자의 목소리의 의미를 소통하는 데 가장 효
율적이었고 가장 중요한 연구 결론을 도출하게 했다. 나에게는 개
인적으로 질적 연구가 성공적으로 가는 길이었다.

　학자로서 초기에는 특히 모르는 것을 숨기고자 하는 유혹에 빠
질 수 있다. 글을 쓸 때 너무 관념화하거나 자세하게 기술하는 것을
피하기도 한다. 이런 식의 글쓰기는 중요한 메시지를 빠뜨리게 한
다. 나는 박사논문을 쓰면서 질적 연구에 집중했다. 나는 연구 참
여자의 목소리를 우선시했고, 연구 참여자가 그들의 경험을 어떻
게 인식하느냐를 탐색하면서 함께 이야기를 나누는 것의 중요성을
더 느끼게 되었고, 자기와 타인을 향한 자비에 대한 이해가 향상되
었다. 다른 정신건강 연구자들이 제안한 것처럼, "괴로움을 이해하
는 것"이 결국 자비의 핵심이다(Spandler & Stickley, 2011, p. 559).

　나는 한 개인이 트라우마로부터 어떻게 치유되어 자신과 타인
을 재연결하는지를 이해하고자 했다. 그리고 연구 참여자의 경험
에 담긴 의미와 관점을 유지하려고 노력했다. 즉, 나는 랭커스터
대학교 임상박사팀의 열정적이고 헌신적이고 양육적인 안내와 지
지 덕분에 연구가 가능했다. 나는 연구를 즐기고 기대할 수 있었
다. 그뿐만 아니라 복잡한 여러 겹의 경험을 이해하는 방법을 발전
시켜 나갔기 때문에 내 삶 또한 변화하게 되었다. '알지 못한다(not
knowing)'는 자세와 탐색하고 이해하고자 하는 자세로 임한다면,

연구와 실제, 예술과 과학, 경청자와 화자 모두 이야기를 공유하고 가장 복잡한 경험에 빛을 비출 수 있다.

> 이야기하기(storytelling)는 타인과 연결하는 것이며, 타인으로 하여금 당신이 보는 것을 보도록 도와준다.
>
> -마이클 마골리스(Michael Margolis, 2016)-

이 책에서 나의 동료와 나는 자비 실천에 대한 우리의 이야기, 그리고 이러한 자비가 치료 작업, 우리 자신의 경험, 전문가적 정체성에 어떤 영향을 미쳤는지에 관해 나누고자 한다. 이뿐만 아니라 우리는 건강과 사회적 돌봄의 측면에서 자비의 나눔이 어떻게 희망을 고취시키고 회복탄력성을 육성시키는지도 나눌 것이다.

단어 의미 정립하기

단어가 "언어의 심장"이라면(Lewis, 1993, p. 89), 우리는 의미를 만드는 과정을 탐색하기 전에 이 책에서 중요한 단어와 그것의 의미에 관해서 고려해야 한다. 자연스럽게도, **자비**(compassion)라는 단어는 우리가 논의해야 할 첫 번째 단어이자 의미이다. 자비는 다양한 맥락에서 여러 방식으로 정의 내릴 수 있다. 이 책에서는 자비에 기반한 마음 재단(Compassionate Mind Foundation, 2015)이 내린 자비에 대한 정의에 토대를 둔다. 즉, 이 책에서 다루는 자비는 '자기와 타인의 괴로움에 대해 민감하며, 괴로움의 완화 및 예방에 전념하는 것'으로 정의된다. 나는 고통을 경험하는 사람과 가까이 작업하는 사람으로서 자비에 관해 더 배우고, 자비가 어떻게 안녕으로의 회복을 이끄는지 이해하기 위해 페마 초드론(Pema Chödrön)의 치료 작업과 저술을 반복해서 공부했다(The Pema Chödrön Foundation, 2017). 그녀는 치료 작업에서 자비의 상호성과 역동적인 본질을 아름답게 포착했다.

> 자비를 키우기 위해서 우리는 전인적 경험—우리의 괴로움, 공감, 잔인성, 공포—에서 자비를 이끌어 내야 한다. 자비는 치유자와 상처 입은 사람 간의 단순한 관계가 아니다. 자비는 동등한 관계에서 일어난다. 우리가 우리 자신의 어두움에 대해서 잘 알아야 타인의 어두움과 함께할 수 있다. 자비는 우리가 보편적 인간성을 알아차릴 때 진짜가 된다(The Pema Chödrön Foundation, 2017).

자비를 키우고 육성하는 것에 관하여 동료들 및 학생들과 논의하여 내린 결론은 자비가 존재하고 수용받기 위해서는 작업 공동체 또는 집단 내 사람들이 기꺼이 서로 나누고자 하고 서로를 신뢰해야 한다는 것이다. 이렇게 사람들 간에 서로에 대한 자비로움이 일어나고 받아들여진다면 자기에 대한 자비도 성장할 수 있다. 자기자비 분야의 선두자인 크리스틴 네프(Kristin Neff)는 **자기자비**(self-compassion)는 "세 가지 주요 요소, 즉 친절, 보편적 인간성에 관한 인식, 마음챙김이 필요하다."라고 결론 내렸다(Neff & Germer, 2013, p. 1). 특히 자기자비 개념은 임상실무자에게 중요하며, 자기자비와 긍정적 안녕 사이에는 관련성이 입증되었다(예: Barnard & Curry, 2011; Trompetter, de Kleine, & Bohlmeijer, 2016).

자비를 실천하는 데 있어서 두 가지 주요한 개념으로 이 책에서 탐색하고자 하는 것이 있다. 바로 **희망**(hope)과 **회복탄력성**(resilience)

이다. 희망을 정의하고 탐색하는 것의 대가인 C. R. 스나이더(C. R. Snyder)는 희망을 "원하는 목표로 가는 경로를 찾고, 희망주도적 생각을 가지고, 원하는 목표로 나아가도록 동기부여하는 능력"으로 정의 내렸다(2002, p. 249). 희망에 대한 이러한 실용적인 이해는 우리의 전문성에 강렬하게 힘을 실어 준다. 즉, 희망은 우리로 하여금 목표와 바람을 실현하는 데 필요한 역할, 사고, 행동을 이해하게 도와준다. 희망은 수동적으로 경험되는 느낌이 아니다. 더구나 자비를 실행하는 과정에서 희망, 공유된 자비, 회복탄력성은 연결된다. 내가 돌보는 아동 · 청소년뿐만 아니라 돌봄체계 밖에 있는 아동 · 청소년에게 자비, 희망, 회복탄력성의 연결성을 확장시키고자 한다(Parry & Weatherhead, 2014). 나는 실제로 아동 · 청소년과 치료 작업을 하면서 대인관계 연결성과 희망 및 회복탄력성 간의 중요한 관련성을 경험했다. 아동 · 청소년에게 적어도 의지할 수 있는 사람이 한 사람이라도 있을 때, 이들의 인지적 · 정서적 능력이 신장된다고 할 수 있다. 아동 · 청소년의 이야기를 종합해 보면, 이들에게 믿을 수 있는 누군가가 있다면 이들은 문제해결능력, 돌봄체계를 찾고 지원을 요청하고 어려움에 대처하는 능력이 향상된다. 일반적인 정의이기는 하지만, 미국심리학회(American Psychological Association, 2016)에서는 회복탄력성을 '역경, 트라우마, 비극, 위협, 또는 의미 있는 스트레스원―가족, 관계 문제, 심각한 건강 문제, 직장 및 재정 문제―에 직면하여 적응하는 과정'이라고 설명한다. 즉, 회복탄력성은 어려운 경험에서 '다시 회복'하는 것을 의미한다. 회복하는 능력은 심리적 안녕에 있어서 결정적이다. 도전하는 경험 그 자체로부터의 회복의 경험은 내적 힘과 희망을 발달시키는 데 발판이 된다.

우리는 자비, 희망, 회복탄력성에 관한 사고의 틀 안에서 수용 (acceptance), **책임감**(accountability), **공감**(empathy), **공감적 따뜻함** (empathic warmth), **자기친절**(self-kindness)과 같은 다른 중요한 개념과 단어를 고려해야 한다. 타라 브랙(Tara Brach, 2017)에 의하면, **수용**은 기꺼이 현재의 몸과 마음으로 온전히 존재하기 위해 순간의 진실을 인식하는 과정으로, 평가 없이 현재의 실제와 관계하는 방식이다. 따라서 수용은 기꺼이 정서를 느끼고 감내하며 알아차리는 것으로 간주될 수 있다. 이런 방식으로 정서를 수용한다는 것은 현실을 수용하는 것으로, 타인의 행동 또는 우리 자신의 행동을 수용한다는 의미가 아니라 순간의 행동에 대한 우리의 반응을 수용한다는 의미이다. 자비, 자기친절, 수용은 종종 '우리 자신 봐주기' '제멋대로 하기' '책임감 결여'로 여겨진다. 하지만 자비적 수용이 고군분투 능력을 향상시키기 때문에, 우리는 실제로 도전에 대응하는 반응과 방식에 대해 좀 더 책임감을 가지게 된다. 따라서 **책임감**은 특히 건강과 사회적 돌봄 측면에서 자비를 실천하는 데 핵심 부분이 된다. 자비에 기반한 책임감 없이는 진정성 있는 치료 동맹과 협력관계를 형성할 수 없다. 오도넬(O'Donnell, 2016)은 다음과 같이 설명한다.

> 자비에 기반한 책임감(compassionate accountability)은 친절하게 자기 진실을 말하는 데 전념하는 것이다. 자비에 기반한 책임감은 당신의 삶에서 당신이 원저자임을 아는 것이다. 자비에 기반한 책임감은 당신이 타인을 위해 하는 것처럼 당신 자신을 위해 하는 것으로, 당신을 보호하는 원칙에 토대를 둔 신념을 재정립하는 것이다. 구조를 해 준 사람이 바로 당신 자신일 때, 그 행동은 영웅적이고 용기 있는 행동인 것이다.

마지막으로, **공감, 공감적 따뜻함, 자기친절**의 용어가 잘못 이해되거나 오용된 부분에 대해서 나누고자 한다. 공감은 동정으로 잘못이해되기도 한다. 공감은 의미 있는 관계의 기본적 측면이며, 타인의 관점으로 타인의 경험을 보는 것이 핵심이다. 사회복지사이자수치심 연구가인 브레네 브라운(Brené Brown, 2012)은 공감에 관한환상적인 영상물을 제작했다.

> 자비의 가장 강렬한 도구는 정서적 기술이다. 정서적 기술은 의미 있는, 돌봄의 방식으로 타인에게 반응하게 한다. 공감은 누군가가 경험하고 있는 것을 이해하고 그 이해한 바를 누군가에게 되돌려 주는 능력이다. 만약 누군가가 외로움을 느낀다면, 공감은 우리로 하여금 똑같이 외로움을 느끼도록 요구하지 않으며, 오직 우리가 누군가의 외로움을 이해하고 연결할 수 있도록 외로움을 가지고 우리 자신의 경험으로 되돌아올 것을 요구한다.

특히 공감이 중요한 이유는 공감의 역동적 본질 때문이다. 즉, 우리는 단지 공감을 그냥 하지는 않는다. 우리는 느낀다! 우리는 공감을 잘하기 위해서 단순히 괴로움을 관찰하지 않는다. 우리는 괴로움의 경험과 재연결하여 그 괴로움을 연결을 위한 유용한 무언가가 되게 한다. 이런 과정을 거친 후, 우리는 회복되어야 하며 우리가 마주한 고통에 주목해야 한다.

공감적 따뜻함은 비판단적 따뜻함이며, 이해하고자 하는 순수한 바람이다. 그리고 공감적 따뜻함은 타인 또는 자기의 안녕을 지지적으로 '안아 주는' 것이다. 이러한 공감적 따뜻함은 조력 전문가가 도달할 수 있는 '최고 수준'으로 간주될 수 있다. 우리는 공감을 안전하게 전문적으로 경험할 수 있는 능력이 있기 때문에 공감적 따뜻함도 제공할 수 있다.

그다음으로 중요한 우리의 정서적 자원은 **자기친절**이다. "자기친절은 우리로 하여금 우리 자신을 향해 '다른' 관점을 취하게 한다. 신선한 공기로 호흡하게 한다. 그래서 우리는 자기에게 친절함으로써 우리의 고통을 다르게, 좀 더 떨어져서 지켜볼 수 있다."(Neff, 2016) '다른' 관점으로 괴로움, 강점, 장점, 자질을 보는 능력은 자기친절을 양육하며 종종 당황되고 고갈된 경험으로부터 필요한 회복을 하게 해 준다. 우리가 작업하는 사람들(내담자, 환자)의 고투와 갈망을 입증하는 것은 언제나 존경받을 만하지만, 타인의 괴로움에 온전히 참여하는 것은 우리에게 타격을 입힐 수도 있다. 따라서 치료 작업 후 우리 자신을 적극적으로 회복시키고자 하는 시도는 효율적인 임상실무자가 되기 위한 필수 부분이라고 할 수 있다.

공유된 인간성 취하기: 타인을 돌보기 위해서 우리 자신을 인정하고, 회복시키고, 변화시키기

나의 동료들의 솔직하고 통찰이 깃든 이야기를 시작하기 전에, 이 책에서 나누는 이야기와 메시지가 왜 유용하고 시기적절한지 생각할 시간을 가졌다. 나는 우선적으로 내 직업을 사랑하고, 임상심리 수련과정 동안 만난 개인들, 집단들, 조직과 체계에 아주 감사하다는 말부터 전하고 싶다. 삶의 질이 더 좋아지고 사람들이 더 건강해지고 더 행복해지도록 지원하는 전문가로서 수련 경험을 하게 된 점에 감사를 표한다. 2014년에 건강 서비스 기관에서 일한 것은 너무 힘들었다! 영국의 보건부 내 건강향상 분석팀에서는 '임상실무자의 심리적 안녕, 서비스 전달과 건강 성과(Healthcare Sector

Staff Wellbeing, Service Delivery and Health Outcomes)'라는 토론 주제를 공개했다. 이런 주제가 새로운 것은 아니지만, 임상실무자의 안녕과 소진은 서비스 전달과 환자의 안녕에 영향을 미친다는 것을 다시 한번 강조하고 있다.

> Mid-Staffordshire NHS Foundation Trust 보고서(2013)를 포함한 수많은 국가의 보고서에 의하면 자비의 중요성이 확인되고 있다. 브리스틀의 원터본 뷰 가정 돌봄의 상황 보고서(2001)와 중증 환자를 치료하는 14개 병원에 의해 제공되는 돌봄 및 치료에 대한 키오 보고서(Keogh Review)에서도 건강 돌봄에서의 자비의 중요성을 피력하고 있다(p. 4).

자비는 임상실무자에게 개인적으로 누락된 부분이 아니라 기관의 관리체계에서부터 누락된 부분으로 인정되고 있다. 프랜시스 보고서(Francis Report; Powell, 2013)에서 제시되었듯이, '건강관리 사업체계'가 환자의 필요보다 우선시되었다. 영국에서는 신자유주의의 정부 방침과 목표지향적 문화가 주를 이루는데, 이는 정신건강 임상실무자의 심리적 안녕과 성과를 저해시켰다. 영국심리학회(British Psychological Society)와 뉴 사보이 파트너십(New Savoy Partnership)에서 2014년과 2015년에 1,300명 이상의 임상실무자들을 대상으로 심리적 어려움에 대한 설문조사를 한 결과, 놀라운 결과가 도출되었다. 설문 응답자들 중 절반 정도가 우울과 실패감에 시달린다고 보고했으며, 70%는 직업 스트레스와 왕따와 괴롭힘을 당한 경험이 있다고 보고했다. 역사적으로 높은 직업 만족도를 보고한 치료자들도 많지만, 가장 중요한 점은 그들이 치료를 효율적으로 하기 위해서는 심리적 안녕이 보장되어야 한다는 것이다. 이

설문조사는 '임상실무자의 안녕과 회복탄력성을 위한 헌장(Charter for Psychological Staff Wellbeing and Resilience)'(British Psychological Society & New Savoy Partnership, 2015)이 만들어지는 데 기여했다. 그러나 현재 정치적 · 경제적 분위기는 이러한 변화를 더디게 하며, 정신건강 전문가의 소진과 작업 스트레스가 안녕에 부정적으로 영향을 미치는 현실은 여전히 반복되고 있다(Bolier et al., 2014).

이러한 열악한 작업환경에서는 희망이 회복의 기폭제이자 유지요인으로 이해될 수 있다(Schrank, Stanghellini, & Slade, 2008; Spandler & Stickley, 2011). 조력 전문가로서 또는 가족과 친구를 돌보는 사람으로서 우리는 이 시점에서 우리 자신을 회복시키고 재충전할 필요를 느낀다. 특정 치료적 도전 후에 우리는 치유와 회복이 필요하다. 이는 우리가 안전하고 건강하게 우리의 전문적 역할을 수행하는 데 필수적인 부분이다. 사회복지사 스팬들러(Spandler)와 정신건강 간호사이자 상담자인 스티클리(Stickley, 2011)는 정신건강 서비스 내에서 실제로 희망이 체계적으로 키워지지 않고 있으며 서면화된 정신건강 방침이나 스태프 지원교육에서 희망에 관해서는 부재되어 있는 실정이지만 정신건강 실무자는 타인에 대한 희망을 가져야 한다고 제안했다. 사회적 · 정서적 · 경제적 문제에 직면한 아동 · 청소년은 조율적인 사회복지사로부터 자비를 경험함으로써 희망이 고취되었다고 언급했다(Guthrie et al., 2014, p. 131). 또한 아동 · 청소년은 사회복지사와의 관계에서 자비가 뒷받침될 때 관계 연결성을 느끼고 희망을 느끼게 되었다고 언급했다.

이전에도 언급했듯이 이 책은 C. R. 스나이더가 정의한 희망 개념에 토대를 두고 논의한다. 희망이론에서는 우리의 목표가 희망적 사고하기를 위한 표적(target)을 제공한다고 제안한다(Snyder, 2002).

희망은 두 가지 과정으로 개념화될 수 있다. 즉, **경로**(pathways)는 목표를 성취할 수 있는 계획과정을 의미하며, **주도사고**(agency)는 개인이 목표에 도달하기 위한 경로를 따르는 자신의 능력을 지각하는 것과 관련된다. 이러한 과정은 함께 어우러져서 개인이 목표를 성취하게 하고, 자신들의 희망을 실현하게 하고, 더 나아가서는 희망을 키워 나가게 한다. 또한 스나이더(2000)는 희망이 어떻게 회복탄력성을 지지하는지를 설명했다. 즉, 한 개인은 주도사고를 활용하여 장해물을 극복하고 도전 및 역경을 향한 결단력을 키워 나갈 수 있다. 몇 해 전에 나는 회복탄력성이 무엇이며 어떻게 작동하는지를 더 풍부하게 이해하는 데 도움이 되는 논문을 우연히 발견했다. 역경에서의 상처를 치유하는 데 있어서 희망의 역할을 고려하는 동안, 나는 하비와 델파브로(Harvey & Delfabbro, 2004)의 논문을 읽으면서 희망을 나의 개인적 경험 및 아이들과의 치료 작업과 연결할 수 있었다. 하비와 델파브로는 문화적 · 사회적 한계를 초월하여 회복탄력성을 이해하는 데 필요한 심리적 틀을 발전시켰다. 그들은 결정적으로 이 틀 내에서 순환성의 중요성을 조명하였다. 즉, 회복탄력성을 신장시키기 위한 요인들은 또한 회복탄력성에 의해 키워지기도 한다. 예를 들면, 효율적인 문제해결력, 자신의 한계를 인정하고 타인의 도움을 요청할 수 있는 능력은 회복탄력성을 초래하는 요인이면서 동시에 회복탄력성의 결과이기도 하다. 하비와 델파브로는 도전적인 경험에 직면함으로써 회복탄력성, 즉 딛고 일어서며 좀 더 나은 주도사고와 역경을 관리하는 능력을 향상시킬 수 있다고 언급했다. 따라서 희망과 회복탄력성은 서로 영향을 주고받는 밀접한 관계에 있다. 퍼즐의 잃어버린 조각처럼, 나는 내가 몇 해 전까지 고려하지 못했던 희망과 회복탄력적 환

경으로서 공유된 자비의 역할에 대해 알게 되었다. 이러한 공유된
자비에 대해 알게 되면서 나는 활활 타오르는 열정을 느꼈다.

희망이 목표지향적 행동을 요구하듯이, 회복탄력성은 종종 개인
의 고군분투하는 경험을 필요로 한다. 거스리(Guthrie) 등의 연구에
서는 궁핍과 역경의 상황에서 아동들의 자비 경험을 보고했다. 자
비로운 반응은 다양한 형태로 보고되는데, "경청, 수용, 애정 어린
아웃리치, 통찰, 자원(예: 돈, 음식, 버스 자리 양보)"이 포함되며, "자
비를 받는 것은 마음에 희망이 스며들게 한다."(2014, p. 133) 아동
들은 사회복지사가 보이는 자비를 통하여, 그리고 원하는 해결책
이나 미래로 나아가는 경로를 찾을 수 있도록 북돋워 주는 행위를
통하여 그들 자신의 회복탄력성이 키워졌다고 주장했다. 에르난
데즈, 갱세이와 잉스트롬(Hernández, Gangsei, & Engstrom, 2007)은
심리치료사들을 대상으로 대리외상(즉, 타인의 트라우마를 대신 경
험하는 것)의 반대가 무엇인지에 관해 심층 면담을 실시했다. 면담
내용을 분석한 결과, 대리외상의 반대는 **대리 회복탄력성**(vicarious
resilience)으로 조명되었으며, 이는 "부정적 사건에 대한 재구조화",
트라우마 작업을 하는 동안 내담자의 회복탄력성을 보면서 "대처
기술이 향상되는" 능력을 의미한다(p. 240). 희망과 회복탄력성에
관한 문헌에서 반복적으로 드러나는 것은 우리가 곤경에 처해 있
을 때 희망과 회복탄력성에 불을 붙이는 친절함과 자비를 보여 주
는 신뢰할 만한 사람이 적어도 한 명은 있다는 사실이다(Harvey &
Delfabbro, 2004; Parry & Weatherhead, 2014). 거스리 등의 아름다운
표현을 빌려 표현하자면, "희망은 자비를 받음으로써 점화된다."
(2014, p. 138) 그리고 이러한 희망은 타인과 자비를 나누고 희망 전
략을 실천하고, 경로를 찾고 주도사고가 진보해 나가며, 역경과 직

면하여 자신의 능력을 발휘하고 유능감이 증진되어 가면서 유지된
다. 따라서 임상실무자는 자신의 자비를 유지하는 데 필요한 여러
가지 자원을 가질 필요가 있다. 만약 작업환경이 임상실무자에게
적절한 지원을 제공하고, 그들의 이야기를 성찰할 수 있는 공간과
수퍼비전을 받을 수 있는 기회를 허용한다면, 임상실무자의 희망
과 회복탄력성은 활활 타오를 것이다.

　최근에 이스라엘의 사회복지사 오릿 뉴트먼-슈워츠(Orit
Nuttman-Shwartz)는 치료 작업에서 받은 개인적 영향을 살펴보았
다. 그녀는 트라우마를 겪은 개인과 작업하면서 긍정적인 영향을
받았는데, 이는 "자비 경험에 대한 만족(Figley, 2002), 대리외상 후
성장(Arnold et al., 2005), 역성장(Linley, Jospeh, & Loumidis, 2005),
대리 회복탄력성(Hernández, Gangsei, & Engstrom, 2007)"이 나타
났음을 시사한다(2016, p. 466). 가장 흥미롭게도, 뉴트먼-슈워츠
는 트라우마 작업에서 나타나는 회복탄력성의 상호과정을 논의했
다. 즉, 치료자는 트라우마 치료과정에서 회복탄력성이 성장하는
데, 이는 치료자가 내담자를 통하여 인간 정신력의 강점과 극도의
스트레스에 어떻게 대처하는지를 보면서 회복탄력성이 성장하는
경험을 한다는 것이다. 결정적으로, 뉴트먼-슈워츠는 회복탄력성
의 순환적이고 역동적인 본질에 대해 언급했다. 즉, 내담자는 회복
탄력성을 보이고, 이는 치료자에 의해 관찰되며, 치료자는 새로운
개입 방식으로 내담자의 회복탄력성이 구현되도록 조력한다. 다
른 이론가들이나 임상실무자들도 이와 비슷한 과정에 주목했다.
즉, 자기자비 과정은 자신과 긍정적으로 관계를 맺는 동안 경험하
게 되는 고군분투를 받아들이는 과정으로, 자기자비는 "행복, 낙
관주의, 지혜, 호기심과 탐색, 개인적 주도성, 정서적 지능…… 대

인관계적 기능…… 관점 취하기와 용서 등을 촉진시킨다."(Neff & Germer, 2013, p. 3) 임상실무자들은 자신의 경험에 대한 성찰적 글쓰기를 통해 자기자비를 키울 수 있으며, 동료 지지 집단을 통하거나 작업환경을 향상시킴으로써 자기자비를 신장할 수 있다. 또한 수퍼비전을 통하여 자기자비 과정을 탐색할 수 있다.

개인적인 삶과 전문가적인 삶

이 책은 임상실무자를 위한 임상 핸드북으로, 임상 실제에서 공유된 자비의 회복적 힘을 제시하고자 한다. 이 책은 온전한 자기, 개인적인 삶과 전문가로서의 삶에서 자비를 다룰 것이다. 따라서 자비를 나누는 나 자신의 생생한 경험을 나누고자 한다.

자기친절과 자비 나눔으로 나아가는 평탄치 않은 길

임상실무자로서 우리는 자비와 희망이 내담자와 환자에게 신체적 건강, 정서적 안녕 및 치유 면에서 많은 이득을 준다는 점을 자각한다(Decety & Fortopoulu, 2015; Hamilton, 2010; Spandler & Stickley, 2011). 그러나 임상실무자를 위한 수련 프로그램은 대부분 자기자비와 자비 나눔의 역할을 탐색하는 데 시간을 많이 할애하지 못하고 있다. 객관적으로 살펴본다면, 자비는 경험적 연구(예: Fernando & Consedine, 2014; Firth-Cozens & Cornwell, 2009)에서는 낯선 개념이다. 주로 스트레스가 많고 지지적이지 않은 작업환경의 경우, 직접적으로 자비를 방해한다는 정도로 알려졌을 뿐이다. 재정적 문제에 시달리거나 복잡한 질병을 가진 내담자와 작업하는 것, 탓하기와 희생양 만들기의 문화에서 치료 작업을 하는 것은 스트레스이며, 이는 자연스럽게 치료자의 자비 능력을 손상할 위험이 있다. 그렇다면 조력 전문가는 이러한 압력에 영향을 받지 않는가? 우리는 타인을 돌보고자 하는 욕구가 강해서 우리 자신의 안녕을 손상하는 이러한 외적 위험요인을 무시하는가?

나는 어느 정도 꽤 치열한 환경에서 일했다. 즉, 나는 일하는 환경에서 어느 정도 자기돌봄에 대한 욕구와 가치를 깨달았다. 나는 여러 해 동안 나 자신의 욕구를 충분히 살폈다고 생각했다. 특히 나는 박사과정과 두 자녀의 양육을 병행하면서 자기돌봄의 필요성을 느꼈다. 나는 나 자신에 대해서 살펴보았으며, 어떻게 하면 집에 있을 때 일에서 분리될 수 있을지 궁금했다. 직장에서는 사람들을 완벽하게 지원하고, 집에서는 온전히 가족을 돌보고 싶었다. 하지만 나에게는 이러한 바람이 현실적으로 불가능한 모습이었다.

나는 내가 이 일을 하게 된 내적·외적 요인을 고려하면서 나의 성공하고자 하는 마음, 어려움을 극복하고자 하는 욕구는 어디에서 왔는지 궁금해지기 시작했다. 1980년대와 1990년대에 할아버지는 우리의 가계도와 조상의 삶에 대한 연구를 진행했다. 나는 새롭게 발견된 가족 이야기를 들었으며, 이러한 새로운 이야기가 어떻게 새로운 가족의 근원으로 작용하는지를 볼 수 있었다. 나는 글렌코의 켈트족의 맹렬함에 대한 이야기를 듣는 것을 좋아했으며, 빅토리아 시대에 세 자매가 고아원에서 아이들을 돌보았다는 이야기도 좋아했다. 나는 집에 돌아오면 증조할머니의 모험정신을 상상해 본다. 증조할머니는 잠시 캐나다에 머물렀으며, 제2차 세계대전 때 여군으로 일하셨다. 나는 부모님의 부모님이 10대 때 사랑에 빠져서 전쟁의 트라우마를 함께 치유했다는 말을 들었다. 내가 들은 가족사의 주요 주제는 고군분투였다. 전진하고 성공하고 도전을 극복하는 것은 가족의 주요 주제로 남아 있다.

나는 18세에 운 좋게도 루마니아 주간센터에서 자원봉사자로 일할 기회를 접하게 되었다. 이 주간센터에서는 지역 고아원에 거주하는 고아를 돌보는 일을 하고 있었다. 자원봉사를 위해 첫 방문을 했을 때, 나는 아이들, 스태프, 자원봉사자가 겪는 극도의 어려움과 회복탄력성을 볼 수 있었다. 나는 루마니아를 처음 방문한 6개월 동안 멋진 조력자들에게 영감을 많이 받았다. 특히 제인 해리스(Jayne Harris)라는 전문 간호사는 가장 영감을 주는 사람 중 한 명이다. 나는 아이들이 사회적 기술을 향상시킬 수 있도록 기본적인 심리사회적 개입으로 조력했다. 그다음 2년 이상, 우리의 자원봉사 지원망은 빠르게 확장해 나갔고, 자원봉사자 수도 1년에 100명 정도 모집되었으며, 장기 프로젝트를 할 수 있는 재정도 확립되었다. 우리는 다양한 아이들의 독특한 욕구를 충족시켜 주기 위해서 다양한 임상실무 전문가와 작업하여 증거기반 치료 모델과 접근법을 만들려고 노력했다. 이 일은 흥분되고 아주 보람 있고 재미있기도 했지만, 또한 여전히 압도적이고 진을 빼기도 했다.

루마니아에서의 어느 날 아침, 나는 아이들에게 영구적으로 살 집을 마련해 주는 일을 하는 동안 압도감을 느끼고 지치고 불안해졌다. 나는 모기에 물리기 일쑤였고, 끊임없는 여행, 전일제 근무, 수면 부족, 타는 듯한 더위로 소진되어 갔다. 그래서 내가 일을 제대로 하고 있는지, 이 일에 자격이 있는지 회의감과 실패감이 들었다. 이렇게 혼란한 마음으로 힘들어하고 있던 어느 날, 나는 그늘진 나무 아래에 앉아 있었다. 잘 알고 지내던 어린 소녀 아나(Ana)가 옆에 있었다. 아나는 단어로 주고받는 의사소통을 하지 않았지만, 어떻게 요점을 전달하는지는 정확히 알고 있었다. 우리는 나무 그늘 아래에서 컵과 물을 가지고 놀았다. 아나는 내가 놀이에 참여할 수 있도록 많은 단서를 주었다. 나는 정말 놀이에 열정적으로 참여하기 위해 애를 썼다. 그러던 어느 날, 아나가 한 손으로는 컵의 물을 잔디에 뿌리고 다른 한 손은 입으로 빨고 있었다. 그러고 나서 아나는 나에게로 와서 손을 나의 얼굴에 살짝 갖다 대고는 미소를 지었다. 나는 그때 당황했던 것 같다. 아마도 아나는 상대를 기분 좋게 하는 것이 무엇인지 생각하고 스스로 자신을 위로하는 접근이 나에게도 도움이 될 수 있으리라고 생각했을 것이다.

그 순간, 나는 두통, 모기 물려서 가려운 것, 피곤이 한순간에 모두 사라지고, 대신 다소 연결되는 느낌, 회복과 희망이 올라왔다. 나는 이러한 기분 또는 지각의 변화에 대해 말로 다 표현을 못하겠다. 그러나 내가 자비의 나눔에 대해 더 잘 자각하게 되면서, 나는 나무 아래에서 아나와 함께한 경험이 공유된 자비의 회복적 힘에 대한 나의 첫 경험이었다는 것을 깨달았다. 아나와 나는 두 사람이며 다른 환경에서 태어났을 뿐이고, 우리는 최선을 다해 함께한 것일 뿐이라는 것을 알게 되었다. 그때부터 루마니아에서 일에 임하는 나의 태도가 변화하게 되었다. 우리는 더 이상 단순히 아이들을 지원하는 자원봉사자 집단이 아니었다. 우리는 단지 우리가 할 수 있는 만큼 최선을 다하고 있는 사람들이었다. 우리의 작업관계는 이후에도 변화해 나갔다. 우리는 루마니아나 다른 곳에서 임상실무자들과 밀접한 관계를 맺으면서 작업을 했다. 즉, 우리와 스태프들은 서로 이야기를 나누고, 식사도 함께 했으며, 심지어 1년마다 국제적 기술을 교환하기도 했다. 사람들과 '함께함'과 희망이 새롭게 창출되었으며, 이는 이후에도 긍정적 변화에 기여했다. 이렇게 사람들 간에 경험을 나누고 위계를 버리는 틀은 내가 어떻게 생각하고 일할지에 영향을 미쳤다. 즉, 이러한 새로운 틀은 세련되지 않고 잘 정의된 방식은 아니지만, 많은 상황을 이해하는 데 기본 구조가 되었다.

그러나 지역사회 정신건강센터에서의 일, 아들과 딸의 엄마 역할 그리고 임상수련자로서의 일은 순조롭지 않았다. 자비의 틀을 가지고 일하는 것, 따뜻한 차분함을 가지고 엄마 역할을 하는 것은 역시 어려웠다. '**충분히 좋은**(good enough)' 느낌도 들지 않았고, 수면 부족으로 인해 일과 양육이 힘들었으며, 모든 것을 그만두고 싶었다. 박사과정 첫 18개월 동안 소진, 탈모, 손과 발의 무감각, 종종 믿을 수 없는 무력함이 밀려왔다. 나는 일을 계속하며 전업주부로서도 잘해야 한다는 마음으로 되풀이되는 막막함을 느끼면서도 이러한 힘든 마음을 간과했다. 즉, 나는 최선을 다하고 있지 않다고 느끼면서 끝까지 나를 밀어붙였고, 나를 온전히 수용하지 못했다.

이러한 상황에서 나의 비판적 자기는 더 힘을 얻어서 나의 실수, 결핍, 좌절을 부각시켰다. 작업환경에서도 모든 사람은 학문적으로, 실무적으로 재능이 있었다. 나는 동료들과 함께 임상 실제에서는 자비를 실천했다. 그러나 나는 나에게 가장 중요한 것이 빠져 있어서 그것을 강조해야 한다는 것을 알고 있었다. 나는 가능한 한 아이들, 가족, 친구와 시간을 같이 보내며 운동과 식사도 잘하는 등 나의 욕구에 주의를 기울였지만, 여전히 나의 정서적 욕구는 충족되지 않았다. 브레네 브라운은 그녀의 최신 책『강인하게 일어서기(Rising Strong)』에서 "주는 것은 주고받는 것 없이는 존재하지 않는다. '집과 직장에서' 우리에게 필요한 것을 주어야 하며, 우리도 필요로 하는 것을 해야 한다."(2015, p. 182)라고 제안하였다. 나는 집에서나 일터에서나 이중 '양육자' 역할을 하는 데 있어서 나 자신에게 필요로 하는 것을 하고, 배운 것만큼 열심히 하고, 배움을 우선시하도록 애썼다. 나는 '절대 충분하지 않다'고 느껴질 때는 동료들이 나에게 보여 주는 자비와 인내를 이해하려고 고군분투했다. 하지만 직속상사가 보이는 인내와 애나 데이치스(Anna Daiches) 박사의 감동을 주는 친절함과 한결같음에 대해 완전히 이해할 수 없었다. 나는 정작 아이들이 걸린 유행성 질병에 전염되어서 결근하게 되었고, 아이를 양육하면서 나 자신에 대한 비판을 더 하게 되었다. 나는 수련과정을 못 마칠까 봐, 실패할까 봐, 떠나라고 통보받을까 봐 불안했다. 나는 개인적 자원이 부족함을 느끼고, 결국 절친한 친구에게 의지하게 되었다.

삶에서 우리 대부분은 많은 친구를 만나고, 여전히 오랫동안 우리 곁에 머물러 있는 친구들도 있다. 내 친구들은 각기 다양한 특성을 지니고 있다. 10대부터 우정을 쌓아 온 친구들로, 어떤 친구는 파티에 잘 가는 편이고, 어떤 친구는 부모님과 비슷하며, 어떤 친구는 일적인 면에서 동반자이고, 어떤 친구는 평온한 보석과도 같다. 나에게는 명확한 비판을 해 주는 레몬주스 같은 친구들이 있다. 그들은 중요한 시기에 종종 판단과 관점을 전달해 준다. 레몬주스 같은 친구인 사라(Sarah)와 대화하는 동안, 나는 동료들과 비교해서 뒤처질까 걱정하고 자녀 양육으로 인해 양보해야 할 것이 너무 많다고 다음과 같이 횡설수설하면서 말하였다.

나: 암튼 난 충분히 잘하고 있지 않고, 내가 한 일들이 제대로 되는 것 같지 않아. 동료들은 내가 신뢰할 만하지 못하고 비능률적이어서 일을 잘 못한다고 생각할 거야. …… 그들도

그들이 말하는 것처럼 잘하지 못할 수도…… 아니, 내 말
은…… 나는…….

사라: 너는 멍청이고, 그러면 너를 당장 해고해야겠네!

나: 뭐라고……?

사라: 넌 무엇보다 너를 해고하지는 않을 거야, 그렇지? [과장이
심한 질문임]

나: (짜증이 나면서도 이후 고개를 끄덕인다.)

친구의 말을 듣고 수용하기는 어려웠지만 꼭 맞는 말이었다. 직
속상사의 입장에 서서 나에게 침착하게 그리고 정중하게 지금이
아마도 '최선의 시기'는 아니라고 언급하면서, 지금 일이 '현실 가능
한 업무'인지 물어볼 것이다. 나는 다시 자비가 어떻게 희망과 회복
탄력성과 직접적으로 연관되는지 알게 되었다. 이 시기에 나의 자
기비판에 고삐를 빼앗기지 않은 것에 감사하다. 지금 나는 대학 강
의를 하며 애나 박사의 관점을 받아들이면서, 가능한 한 많은 것을
하려고 한다. 즉, 나는 사람들이 성취할 수 있는 부분에 대해서 희
망을 지지하는 자비의 여지를 창출할 것이다.

나는 비슷한 시기에 학업적 수퍼비전을 받았다. 나의 수퍼바이
저는 비판적 평가, 거침없이 정직한 피드백을 하는 것으로 유명하
다. 그러나 놀랍게도 나는 이러한 비판에 위축되지 않았고, 오히려
이러한 외적인 비판에 직면하면서 나의 자기비판은 진정되었다.
자기친절과 자기위로를 할 수 있게 된 것이다. 이는 나에게 하나의
혁명과 같았고, 학업적 성공에 도달하기까지 나의 자기비판은 조
절이 가능해졌다.

하지만 일에서의 나의 자기비판적 방식은 빡빡한 스케줄과 경

쟁적인 요구로 효율성 면이나 지속 가능성 면에서 좋지 않았다. 따라서 변화가 필요했다. 변화는 비판적 공간을 버티지 않아도 되는 수퍼비전 관계에서 일어난 것 같다. 수퍼비전 관계에서 나는 자기위로를 배우고, '완벽하지 않아도 충분히 좋음'의 중요성을 고려하며, 희망찬 목표를 향한 새로운 경로를 창출하게 되었다. 고된 업무에 대해 성찰할 여지를 두면서 속도를 조절함으로써 나의 주도감은 회복되기 시작했다. 나는 친구나 동료로부터 희망을 공급받아서 최종 지점에 성공적으로 도달하기 위한 새로운 경로를 추구하게 되었다.

성찰과 사색이라는 새로운 공간은 나 자신을 되돌아보게 하였고, 임상심리 수련생으로서 마음의 평정 및 안녕 그리고 비판적인 평가로부터 자유로워지기 위해서 얼마나 고군분투하고 있는지를 알게 했다. 이러한 성찰과 사색 없이는 늘 '왜 나는 충분히 좋은 상태로 일하지 못할까?'라는 의구심만 들게 된다. 모든 자원이 활용 가능할 때나 모든 것이 잘되는 것이지, 자원이 제한되어 있을 때 모든 것을 잘하려는 생각은 오히려 해롭다. 나는 평정심을 잘 유지하는 동료들과 이야기하기 시작했다. 나는 그들이 나락에 떨어졌을 때 어떻게 회복하는지 필사적으로 알려고 했다.

동료들의 회복요인은 바로 수용이었다. 즉, 수용적 친절은 성공 또는 실패에 기반하는 것이 아니라 단지 존재 방식이자 최선을 다하는 방식일 뿐이다. 나는 친구들이나 동료들과 이야기하기 시작하면서, 내가 알고 있는 많은 사람이 이러한 수용적 친절을 이해하기 어려워한다는 것을 알게 되었다. 왜 조력 전문가는 자기친절이 어려울까? 친절함을 내면화할 수 있는 사람들은 건강관리체계에서 직면하는 도전들에 영향을 덜 받는 경향이 있다.

나는 영국에서 2009년에 다양한 조직의 건강관리기관에서 일했다. 2011년부터 나는 국민보건서비스(National Health Service: NHS)에서 임상심리 수련생으로 일했다. 우리는 국민보건서비스의 민영화를 위한 운동을 펼쳤으며 환자와 임상실무자를 위한 의미 있는 변화를 도모했다.

드 줄루에타(de Zulueta)의 최근 논문 주제인 건강관리에서의 자비적 리더십의 필요에 대해 검토해 보면, 많은 나라의 경우 건강관리 조항에 '윤리기준'이 결여되어 있으며, 사회적 · 정치적 · 기술적 · 재정적 영향은 건강관리 조항의 본질에 의미 있게 영향을 미친다는 점을 명시하고 있다(2015, p. 1). 또한 그녀는 자비와 정서적 공감 사이의 혼란이 임상실무자로 하여금 자비를 과동일시, 융합, 비전문성과 같은 범주로 보게 한다고 했다. 따라서 이 책에서 나와 저자들은 임상실무자를 위한 자비의 역할을 강조하기 위해서 자비가 무엇인지, 그리고 자비가 아닌 것은 무엇인지 논의할 것이다.

박사과정 전에, 나는 해외 자원봉사를 하면서 공감피로(Figley, 1995), 소진, 대리외상(Pearlman & Saakvirne, 1995) 개념에 너무 익숙해졌다. 나는 그때 어리고 경험도 없었기 때문에 내가 본 타인의 괴로움에 대해 악몽도 꾸고 지속되는 도전에 무감각해져 버렸다. 카포리사스와 코코런(Kapoulitsas & Corcoran)은 조력 전문가가 특히 공감피로를 어떻게 경험하는지에 대해 논의한다. "공감 능력은 개인적 안전감의 위협, 예상치 못한 고통에의 노출을 포함한 도전적 상황에 직면하는 것과 연관된다."(2015, p. 98) 이 연구는 사회복지사를 대상으로 한 것이지만, 나는 대부분의 조력 전문가가 이처럼 힘들고 복잡한 경험을 한다고 확신한다. 나는 공유된 인간성 및 공유된 고군분투에 대해 살펴보면서 아나에게 감사했으며, 자비의 성장이 호기심을 낳게 하고 우리가 경험하고 있는 스트레스 수준을 서로 이해하고 인정하게 한다는 것을 알게 되었다. 나는 우리가 고군분투에 대해 서로 나누고 받아들이고 견디고 최선을 다하는 방식을 이해한다면 큰 회복이 일어날 것임을 안다. 그럼에도 불구하고 실제로 성찰할 시간과 공간도 거의 없었고, 유연성 있게 이러한 경험에 대해 성찰하는 방법도 몰랐으며, 학습할 기회도 없었다. 사회복지사를 대상으로 하는 공감피로에 대한 카포리사스와 코코런의 연구의 결정적인 발견은 지지적인 작업환경과 긍정적 수퍼비전이 임상실무자의 회복탄력성의 형성과 '경험에 대한 개방성'(2015, p. 98)에 중요한 역할을 함을 조명했다는 점이다.

박사과정 동안 나는 매주 수퍼비전을 받았다. 처음 두 명의 수퍼바이저는 나에게 잘못될까 봐 걱정하지 않고서도 개방적으로 이야기할 안전한 공간을 제공해 주었다. 나는 경험 이면의 의미를 생각하게 되었고, 경험을 하나의 배움으로서 고려하게 되었다. 나의 수퍼바이저는 나에게 "지금 당신 자신에 대해서 무엇을 배우고 있나요?"라고 질문했다. 이 질문은 내가 막힌 느낌이 들 때마다 나 자신에게 하는 질문이 되었고, 그때마다 도움이 된다. 예를 들면, 나는 수많은 상실을 경험한 중년 남성과 치료 작업을 하면서 무슨 말을 해야 할지 몰라 당황했던 적이 있다. 나는 이 내담자가 직면한 어려움과 내담자의 상실과 슬픔에 직면할 때 내가 느낀 무력감에 대해서 수퍼비전 시간에 여러 번 이야기했다.

그러나 이 경험에서 내가 무엇을 배우고 있는지 스스로 질문하면서 내가 그 경험에 가까이 접근해 보니 불편감이 올라왔다. 나는 이 내담자와의 작업이 나에게 영향을 미치고 있고, 내담자가 삶의 향상을 위해 작은 변화를 지속해 나감에 따라 내가 대리적으로 희

망과 자부심을 느낀 것에 놀랐다. 나는 그 이후에 지역사회 정신건
강팀에서 상실감에 대해서 점점 더 많이 자각하게 되었다. 나는 아
동·청소년들과 많은 작업을 하면서도 그들이 느끼는 상실감과 그
들의 삶을 전진적으로 향상시키는 힘에 대해서는 보지 못했다. 상
실감은 삶의 일부로서 존중받아야 한다. 나는 아동·청소년들과
치료 작업을 하는 것을 좋아한다. 즉, 나는 아동·청소년들의 생동
감과 희망을 좋아하며 아동·청소년들이 겪고 있는 그 이면의 고
통스러운 면도 알고 있다. 하지만 아동·청소년들은 제한된 힘을
가졌고 삶의 어떤 면은 극복할 수 없기에 취약해지며 실제적 독립
또는 변화와 결정을 하기가 어렵다. 따라서 아동·청소년을 위한
서비스에서는 아동·청소년들의 취약성을 돕는 작업을 해야 한다.
또한 나는 성인과 면대면 치료 작업을 했을 때는 그들이 가지고 있
는 자율성과 안녕을 도모하고자 하는 확신을 목격했다.

　나는 희망, 대리 회복탄력성, 공유된 자비 같은 힘 있는 과정이
임상실무자로 하여금 어떻게 자기친절을 초래하게 하고 정서적으
로 소진되는 도전적인 환경에서 잘 대처하게 하는지를 배우고 싶
다. 나는 자기친절과 자비의 나눔이 실세로 조력 전문가에게 어떻
게 작동되는지 보고 싶다. 이 책은 바로 조력 전문가들이 자신들의
이야기를 나누면서 자기친절 및 공유된 자비가 어떻게 발달해 나
가는지 보여 주기를 바란다. 우리와 일하는 사람들과 서로 자비를
공유하고 우리 자신에게도 자비를 실천하는 것은 우리가 회복탄력
성과 희망을 고취하고 회복하는 데 도움이 되며, 이는 우리의 치료
작업에서도 필수적인 부분이다.

　이 책에서 임상실무자들이 자신의 솔직한 이야기를 나누고, 공
유된 자비가 얼마나 힘이 있는지, 그리고 실제로 얼마나 어려운지

성찰해 주었다. 그들은 자기비판을 하는 모습을 보여 주지만, 씨름하여 얻게 되는 자기친절에 대해서도 보여 주었다. 이러한 복잡한 과정에 참여하고 우리의 내적 · 외적 경험을 탐색함으로써 우리는 자비 나눔의 가치를 알 수 있다. 동료나 내담자와 자비를 나눔으로써 자비가 종종 치유와 안녕, 희망, 회복탄력성과 어떻게 다른지 알게 된다.

참고문헌

American Psychological Association (2016). *The Road to Resilience*. Available at www.apa.org/helpcenter/road-resilience.aspx, accessed on 21 February 2017.

Barnard, L. K., & Curry, J. F. (2011). Self-compassion: Conceptualizations, correlates, and interventions. *Review of General Psychology, 15*(4), 289-303.

Bolier, L., Ketelaar, S. M., Nieuwenhuijsen, K., Smeets, O., Gartner, F. R., & Sluiter, J. K. (2014). Workplace mental health promotion online to enhance well-being of nurses and allied health professionals: A cluster-randomized controlled trial. *Internet Interventions, 1*(4), 196-204.

Brach, T. (2017) *The Power of Radical Acceptance: Healing Trauma through the Integration of Buddhist Meditation and Psychotherapy*. Available at www.tarabrach.com/articlesinterviews/trauma, accessed on 21 February 2017.

British Psychological Society and New Savoy Partnership (2015). *Charter for Psychological Wellbeing and Resilience*. Available at www.bps.org.uk/system/files/Public%20files/Comms-media/press_release_

and_charter.pdf, accessed on 21 February 2017.

Brown, B. (2012). *Listening to Shame* [TED talk]. Available at www. ted.com/talks/brene_brown_listening_to_shame, accessed on 21 February 2017.

Brown, B. (2015). *Rising Strong: The Reckoning. The Rumble. The Revolution.* New York: Spiegel and Grau.

Compassionate Mind Foundation (2015). *About Us.* Available at http:// compassionatemind.co.uk/about-us, accessed on 21 February 2017.

de Zulueta, P. (2015). Developing compassionate leadership in health care: An integrative review. *Journal of Healthcare Leadership, 2016*(8), 1-10.

Decety, J., & Fotopoulou, A. (2015). Why empathy has a beneficial impact on others in medicine: Unifying theories. *Frontiers in Behavioral Neuroscience, 8*, 1-11.

Department of Health (2014). *A Compendium of Factsheets: Wellbeing Across the Lifecourse. Healthcare Sector Staff Wellbeing, Service Delivery and Health Outcomes.* Available at www.gov.uk/government/ uploads/system/uploads/attachment_data/file/277591/Staff_ wellbeing_service_delivery_and_health_outcomes.pdf, accessed on 21 February 2017.

Fernando, A. T., & Consedine, N. S. (2014). Development and initial psychometric properties of the barriers to physician compassion questionnaire. *Postgraduate Medical Journal, 90*(1065), 388.

Figley, C. R. (1995). *Compassion Fatigue: Coping with Secondary Traumatic Stress Disorder in Those Who Treat the Traumatized.* Abingdon: Psychology Press.

Firth-Cozens, J., & Cornwell, J. (2009). *Enabling Compassionate Care in Acute Hospital Settings.* London: King's Fund. Available at www.

kingsfund.org.uk/sites/files/kf/field/field_publication_file/poc-enabling-compassionate-care-hospital-settings-apr09.pdf, accessed on 21 February 2017.

Guthrie, D. D., Ellison, V. S., Sami, K., & McCrea, K. T. (2014). Clients' hope arises from social workers' compassion: African American youths' perspectives on surmounting the obstacles of disadvantage. *Families in Society, 95*(2), 131-139.

Hamilton, D. R. (2010). *Why Kindness is Good for You.* London: Hay House.

Harvey, J., & Delfabbro, P. (2004). Psychological resilience in disadvantaged youth: A critical overview. *Australian Psychologist, 39*(1), 3-13.

Healthcare Network (2016). By the end of my first year as a doctor, I was ready to kill myself. *The Guardian,* 5 January 2016. Available at www.theguardian.com/healthcare-network/views-from-the-nhs-frontline/2016/jan/05/doctor-suicidehospital-nhs, accessed on 21 February 2017.

Hernández, P., Gangsei, D., & Engstrom, D. (2007). Vicarious resilience: A new concept in work with those who survive trauma. *Family Process, 46*(2), 229-241.

Kapoulitsas, M., & Corcoran, T. (2015). Compassion fatigue and resilience: A qualitative analysis of social work practice. *Qualitative Social Work, 14*(1), 86-101.

Lewis, M. (1993). *The Lexical Approach: The State of ELT and a Way Forward.* Hove: Global ELT, Christopher Wenger.

Margolis, M. (2016). *Get Storied.* Available at: www.getstoried.com/3-simple-ways-startstory, accessed on 21 February 2017.

Neff, K. (2016). Don't Fall into the Self-Esteem Trap: Try a Little Self-

Kindness. *Mindful.* https://www.mindful.org/dont-fall-into-the-self-esteem-trap-try-a-littleself-kindness/?utm_content=buffera26f9&utm_medium=social&utm_source=facebook.com&utm_campaign=buffer, accessed on 13 June 2017.

Neff, K. D., & Germer, C. K. (2013). A pilot study and randomized controlled trial of the mindful Self-Compassion program. *Journal of Clinical Psychology, 69*(1), 28-44.

Nuttman-Shwartz, O. (2016). Research in a shared traumatic reality: Researchers in a disaster context. *Journal of Loss and Trauma: International Perspectives on Stress and Coping, 21*(3), 179-191.

O'Donnell, L. (2016). *Compassionate Accountability.* Available at: www.mindingmatters.com/wp-content/uploads/2016/05/COMPASSIONATE-ACCOUNTABILITYODONNELL2016.pdf, accessed on 21 February 2017.

Parry, S., & Weatherhead, S. (2014). A critical review of qualitative research into the experiences of young adults leaving foster care service. *Journal of Children's Services, 9*(4), 263-279.

Pearlman, L. A., & Saakvirne, K. W. (1995). *Trauma and the Therapist: Countertransference and Vicarious Traumatization in Psychotherapy with Incest Survivors (A Norton professional book).* New York: W. W. Norton.

Powell, T. (2013). *The Francis Report (Report of the Mid-Staffordshire NHS Foundation Trust Public Inquiry) and the Government's Response.* Available at http://researchbriefings.files.parliament.uk/documents/SN06690/SN06690.pdf, accessed on 5 April 2017.

Schrank, B., Stanghellini, G., & Slade, M. (2008). Hope in psychiatry: A review of the literature. *Acta Psychiatrica Scandinavica, 118*(6), 421-433.

Spandler, H., & Stickley, T. (2011). No hope without compassion: The importance of compassion in recovery-focused mental health services. *Journal of Mental Health, 20*(6), 555-566.

Snyder, C. R. (2000). *Handbook of Hope Theory, Measures and Applications.* San Diego, CA: Academic Press.

Snyder, C. R. (2002). Hope theory: Rainbows of the mind. *Psychological Inquiry, 13*(4), 249-275.

The Pema Chödrön Foundation (2017). *Articles.* Available at http://pemachodronfoundation.org/articles, accessed on 21 February 2017.

Trompetter, H. R., de Kleine, E., & Bohlmeijer, E. T. (2016). Why does positive mental health buffer against psychopathology? An exploratory study on self-compassion as a resilience mechanism and adaptive emotion regulation strategy. *Cognitive Therapy and Research, 41*(3), 459.

차례

제1부

삶과 임상 실제에서 자비 실천하기

제1장 **완벽하지 않은 모습 모델링하기와 완벽하지 않은 자기 발달시키기**: 자기자비 과정에 대한 성찰 • 47

자비와 함께 타인을 초대하기

**자비에 기반한 관점으로
개인적 삶과 전문가적 삶에서 자기 돌보기**

희망을 위한 공간 만들기, 회복탄력성 기르기, 자비 유지하기

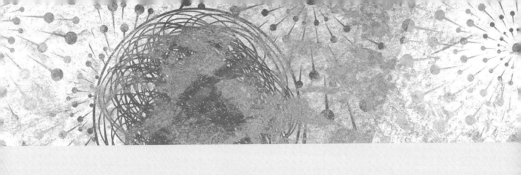

제1부

삶과 임상 실제에서 자비 실천하기

타인의 욕구를 우선시하는 것은 타인을 '구조'하려는 우리의 바람을 충족시켜 준다. 그러나 이러한 우리의 바람은 우리 자신의 안녕에 주의를 기울이는 것을 희생시킨다. 우리의 안녕에 무심하다 보면 결과적으로 우리의 욕구를 경시하게 된다. 반면에, 타인을 우선시하는 행동은 타인의 욕구를 충족시켜 준다. 타인의 욕구를 우선시하다 보면 우리 자신에 대해서 적절하게 관심을 가지지 못할 수 있다. 따라서 자기자비를 작동시키기 위해서는 변화가 필요하다.

—한나 윌슨(Hannah Wilson)과 시애라 조이스(Ciara Joyce)—

제1장

완벽하지 않은 모습 모델링하기와 완벽하지 않은 자기 발달시키기

자기자비 과정에 대한 성찰

● ● ● ● ● ●

한나 윌슨(Hannah Wilson) 박사, 임상심리학자/
시애라 조이스(Ciara Joyce), 임상심리 수련생

임상심리학자인 이 장의 두 저자는 자기자비에 대한 이해와 실천의 장점에 관한 성찰을 제시한다. 그들은 자기자비의 개념화가 고정된 상태가 아닌 계속 진행 중인 하나의 과정임을 인정한다. 그들은 자기자비가 특히 스트레스 상황이나 압박을 받는 맥락에서 얼마나 실천하기 어려운지에 관해 기술한다. 두 저자는 완벽주의 경향이 성취를 통해서 얻을 수 있는 만족감을 느끼게 해 주지만 만족감에 손상도 가한다고 언급한다. 저자들은 생각이 비슷한 동료들과 함께하면서 그들의 완벽하지 않은 부분을 수용하게 되었다. 이 장은 좀 더 자기자비 방식으로 실천하는 데 있어서 직면하게 되는 도전들에 대해 기술한다. 또한 그들은 '완벽하지 않은 자기

(imperfect self)'를 전문적이고 개인적인 발달에 영향을 미치는 새로운 개념으로 소개한다.

도입

우리는 모두 임상심리학자이다. 우리 중 한 저자(한나)는 수련자이며, 다른 한 저자(시애라)는 수련과정을 이수하고 있는 수련생이다. 우리는 2015년에 성인 정신건강 서비스 센터에서 처음 만나게 되었으며, 그곳에서 함께 일하게 되었다. 우리는 자비에 기반한 치료(Compassion Focused Therapy: CFT; Gilbert, 2010) 집단에서 함께 보조 촉진자 역할을 하면서 자비에 관한 관심을 공유하기 시작했다. 우리는 이 집단치료에서 자비를 적용하는 첫 경험을 한 것이다. 이 집단치료는 매주 1회, 6개월 이상 진행되었다.

우리는 이 집단치료에 대해서 보고 듣고 성찰하면서 자비의 개념에 대해 서로 공통된 호기심을 가지게 되었다. 즉, 우리는 자비가 무엇인지, 자비의 근원이 무엇인지, 개인적으로 그리고 전문적으로 자비를 어떻게 실현할 수 있는지에 관심을 가졌다. 이러한 주제에 대해서 논의를 하는 동안, 우리는 타인에 대한 자비가 오랫동안 우리의 가치 기반의 일부가 되어 왔음을 인정했다. 우리는 종종 우리 자신을 위한 자비는 간과한 채 타인의 안녕에 강한 흥미를 느끼고 학습해 왔음을 나누었다. 우리는 오직 어릴 때만 우리 자신의 안녕에 관심을 갖도록 양육된 것 같았다. 즉, 어릴 적에 여행에 대한 열정을 갖는 것, 새로운 문화를 보는 것, 새로운 배움을 적용하는 것 같은 자기자비에 주력했던 것 같다. 우리는 타인에 대한 강한 흥미가 왜, 어떻게 발달해 왔는지에 대한 가설을 세워 보았다. 우리는 각자의 이야기 및 경험과 연결시키면서 타인에 대한 자비가 우리 자신에게 보이는 자비와 불균형하게 발달해 온 것을 알아차렸다. 우리는 계속해서 타인에 대한 자비를 키우는 데 투자하고 노력해 왔다.

자비(compassion)란 "괴로움과 마주했을 때의 깊은 동정심과 슬픔"으로, 일반적으로 고통을 완화시키기 위한 동기를 지닌 것으로 정의 내릴 수 있다(Welford, 2012, p. 65). 자비는 '자기에게서 자기로' '타인에게서 자기로' '자기에게서 타인으로'와 같은 다양한 방향으로 흐를 수 있다. 하지만 이 장에서는 자기자비에 초점을 둘 것이다. 즉, 우리 자신을 사랑하고 친절히 대하며, 비판이나 판단 없이 자기수용을 향상시키는 능력에 초점을 맞출 것이다.

우리는 이 장의 저자가 된다고 했을 때 우리의 성찰을 나눌 수 있어서 흥분되었다. 우리는 많은 시간 서로 이야기를 나누면서, 불현듯 우리가 완벽하지 않다는 사실을 수용하게 되었고 완벽하지 않아도 괜찮다는 것을 받아들이게 되었다. 그리고 우리 자신과 내담자를 위해 수용과 완벽하지 않음이 얼마나 중요한지를 깨닫게 되었다.

우리의 경험과 관점을 모든 사람과 공유할 수 없다는 점을 알고 있다. 그러나 우리는 자비의 실천에 기여하기를 희망한다. 이 장에서 우리는 우선적으로 자기자비에 대한 이해와 자기자비가 우리가 부여하는 높은 수준의 요구 및 임상 실제의 도전에 직면하여 어떻게 발달해 나가는지에 관해 다룰 것이다. 그리고 나서는 자기자비를 실천하는 데 있어서 잠재적인 장해물을 고려할 것이다. 마지막으로는 우리의 완벽하지 않은 자기를 인정하고 받아들이는 것의 중요성을 성찰할 것이다.

자기자비

우리는 자비에 기반한 치료(CFT) 집단에서 촉진자로 있을 때 '완벽하지 않음을 보여 주는' 동료와 함께할 수 있어서 행운이었다. 우리는 집단치료를 준비하면서 지난주 숙제 내용을 기억하거나 우유를 사는 것을 기억하는 데 있어서 완벽하지 않다는 점을 지각하게 될 때는 유머 섞인 말을 주고받기도 했다. 이러한 격식 없는 말로 시작하는 것은 오히려 집단치료와 우리의 일을 견디게 해 주는 주문과 같았고, 결과적으로 전문성 발달을 도모하기도 했다. 우리는 이러한 격식 없는 말이 완벽하지 않은 모습을 허용하게 하는 것이며, 결국 우리 자신에 대해서 좀 더 이완되고 편안하게 느끼도록 도와주는 것임을 알게 되었다. 우리는 완벽하지 않은 모습에 대한 반응으로 안도감을 느끼는 것에 놀랐다. 우리는 집단에서 '참(real)'으로 존재할 때(초인간이 아님), 집단성원들이 우리의 참모습에 긍정적으로 반응하며 그들 자신에 대해서도 좀 더 진실하게 이야기 나누는 것을 볼 수 있었다. 집단치료가 진행되어 감에 따라 '우리와 남'이라는 인식은 사라지고 우리가 공유된 배움과정의 일부가 되어 가는 것을 느꼈다.

이러한 집단 경험에서 배운 한 가지는 우리가 타인에 대해 가지는 자비란 우리 자신에 대한 자비 없이는 발전시킬 수 없다는 것이다. 우리는 자기자비에 관심을 기울이기 시작하면서, 치료자로서 그리고 성찰가로서 자기자비를 실천하고 싶은 기대가 있음을 알아차렸다. 실제로 이러한 기대를 충족시키는 것은 어렵고, 하나의 도전이며, 때때로 유쾌하지 않다! 임상가로서 우리는 자기자비를 실

천함으로써 우리 자신에 대해서 더 잘 알게 된다는 사실을 깨달았
다. 즉, 자기자비는 우리 자신의 취약성과 완벽하지 않음을 보게
한다.

우리는 자기자비의 근원을 이해하게 되었고, 완벽하지 않음이
토대가 됨을 알게 되었다. 우리는 무엇보다 결함과 근심과 불안전
성을 지닌 사람이다. 자기자비 과정은 우리 자신의 힘든 부분을 친
절함과 이해심을 가지고 직면하고 받아들이는 것이다. 자기자비는
우리가 어떤 사람인지 그리고 선택하거나 통제할 수 없는 것들을
수용하는 것인데, 이는 해방일 수 있다. 그러나 자기자비가 '우리
자신의 잘못을 봐주는 것'을 의미하지는 않는다. 자기자비는 우리
자신에게 최선을 다하는 것이며, 도전에 대한 책임을 수용하는 것
이다.

자기자비는 자기비판도 인식해야 하기 때문에 종종 아주 어렵다
고 느껴진다. 판단적 목소리는 '우리는 전문가야. 그러니까 정확히
알고 말해야 해.' '많은 책임감을 감수하는 것은 문제가 아니야. 나
는 여전히 이 집단을 위해 완벽한 준비를 해야 한다고 느껴.' '만약
집단원의 변화가 일어나지 않는다면, 우리가 잘못한 거야!'와 같다.
우리는 이러한 비판적 목소리가 얼마나 강하고 단단하게 자리 잡
고 있는지를 알고 놀랐으며, 이는 취약점에 계속 집중할 때 나오는
목소리임을 알게 되었다. 우리는 서로 긍정적 경험을 나누면서 비
판적 목소리에 도전하기 시작했다.

우리는 매주 집단치료가 끝난 후 간단히 보고하면서 비판적 가정
과 기대의 근거에 대해 논의하기 시작했다. 우리는 자기비판을 얼
마나 많이 하고 있는지, 그리고 자기비판에 대해서 얼마나 도전하
고 있지 않은지를 깨닫고 슬퍼졌다. 우리가 이전에 우리의 비판에

대해서 도전하지 않았던 많은 이유 중의 하나는 사회적·문화적 환경의 영향이었다. 우리는 개인적 성취와 보상이 어떻게 우리가 사는 세상에서 강하게 가치를 부여받게 되었는지, 그리고 완벽하지 않음과 실패 간의 연합이 어떻게 수립되는지에 대해 성찰했다.

또한 우리는 '완벽하지 않은 자기'라는 새로운 승객을 발달시키기 시작했다. 완벽하지 않은 자기는 우리의 '인간미'를 인정하고 우리의 비판이 우리의 결점으로 고려되는 것을 받아들인다. 우리의 괴로움은 이해되고, '충분히 좋음(good enough)'을 인정하게 된다. 비판자의 거친 톤과 반대로, 완벽하지 않은 자기는 우리의 강점에 대해서 온화하고 친절하게 말한다. 완벽하지 않은 자기는 우리가 최선을 다해 온 노력을 타당화하고, 우리로 하여금 우리의 것, 심지어 사랑, 우리의 완벽하지 않은 부분까지 격려하게 한다.

우리의 '완벽하지 않은 자기'를 아주 절대적인 중요한 위치로 소개하려는 것은 아니다. 단지 우리 안에 있는 비판자를 가장자리에 두는 것이다. 우리의 속도, 방향, 목적지를 결정한 후에 비판의 힘을 포기하는 것은 아니다. 또한 비판을 꼭 없애기를 원하는 것도 아님을 깨닫는다. 비판은 우리의 불안과 자기의심에 기여하지만 우리로 하여금 고군분투하게 하고 성취하게 한다. 비판의 완강함에도 불구하고 비판은 우리로 하여금 우리가 가고자 하는 곳에 가도록 중요한 기능을 한다. 우리는 비판과 우리의 관계를 변화시키기를 원한다. 그래서 우리의 비판은 인정되고, 우리의 완벽하지 않은 부분으로 받아들이게 된다.

이러한 과정이 자기의심에서 자기자비로의 순조로운 전환이라고 말하고 싶다. 하지만 실제로 이러한 과정은 여전히 순간순간 노력하는 진행 중인 과정이다. 이러한 과정의 일부는 전문적 행동의 한계 측면에서의 완벽하지 않음에 대해 성찰하는 것이다. 우리는 인간적이고 솔직해지고자 하는 소망과 다른 한편으로는 집단을 담아내고 안내하고자 하는 역할 사이의 긴장을 의식하고 있었다. 우리는 이러한 긴장이 이 분야에서 중요하다는 점을 알고 있다. 실제로 솔직해진다는 것이 우리로 하여금 특별히 관심 갖는 것과 우리 내부의 깊은 두려움을 세세하게 다 개방하라는 의미는 아니다. 그보다는 진솔하고 안전감을 느끼는 방식으로 우리의 실수를 개방하는 것이 필요하다.

  우리는 이 장에서 자기자비에 관해 기술하고 있지만, 아직 자기자비에 대해 정의를 내리지 못하고 있다. 즉, 수량화할 수 없는 무언가로 정의 내리기가 어렵고, 우리가 인식한 것을 타인에게 강요하기가 꺼려진다. 문헌에서는 자기자비를 "내부로 향하는 자비"(Gerner & Neff, 2013, p. 5), "고군분투하고 있다는 것을 인정하고 우리 자신의 향상을 위해 전념하는 것"(Welford, 2012, p. 5), "자기가치를 평가하지 않고 자신에 대해 건강한 태도를 취하는 것"(Neff, 2003: Neff & Vonk, 2008, p. 25에서 재인용)으로 정의하고 있다. 우리는 자기자비를 개념적으로 조작화하는 데 있어서 이 모든 아이디어를 포함한다. 자기자비는 하나의 상태라기보다는 하나의 과정이다. 자기자비는 우리가 가지거나 가지지 못하는 어떤 것이 아니며, 주어진 시간에 다양한 수많은 요인에 의해 영향을 받는 우리 자신과의 역동적 관계이다.

자기자비에 방해되는 장해물

자기자비는 개인의 회복탄력성, 적응, 지혜, 호기심, 정서지능, 사회적 관계연결성과 성찰에 도움이 된다(Leary et al., 2007; Heffernan et al., 2010; Neff, 2003; Neff, Hseih, & Dejitthirat, 2005; Neff, Rude, & Kirkpatrick, 2007; Sbarra, Smith, & Mehl, 2012). 회복탄력성, 적응, 지혜, 호기심, 정서지능, 사회적 관계연결성과 성찰은 이로운 발달 특성이며, 이러한 부분은 우리와 내담자의 안녕에 도움이 된다. 연구들은 임상실무자의 안녕이 치료적 동맹과 내담자의 성과에 긍정적으로 영향을 미침을 제안했다(Maben et al., 2012). 그러나 특히 공공 건강관리기관[1]에서 일하는 임상실무자의 경우는 그들 자신의 안녕에 주의를 기울이는 데 수많은 도전이 존재한다.

자기자비에 대한 심층적인 이해를 하기 위해서 우리는 우선적으로 자비로운 태도를 왜 그렇게 어렵다고 느끼는지에 대해 의문을 품어야 한다. 자비를 느끼는 데 영향을 미치는 수많은 장해물이 있는 듯하다. 이러한 장해물은 개인적 · 관계적 · 문화적 수준에서 존재해 왔고 또 여전히 지속되고 있다. 우리는 중요한 자기자비를 방해하는 이러한 잠재적 도전들을 자각하는 것이 중요하다. 자기자비는 어떤 이에게 적합하고 또 다른 이에게는 적합하지 않은 하나의 현상이 아니며, 우리의 안녕과 최선을 발휘하는 능력에 필수적이다. 우리는 이 장에서 자기자비에 방해가 될 수 있는 모든 장해물을 탐색할 수 없기에, 우리가 일하는 문화 내에서 경험하고 관찰한

---

1) 영국의 국민보건서비스(NHS) 기관.

일부 장해물에 초점을 맞추었다.

　우리는 타인에 대한 자비와 타인의 괴로움을 완화시키고자 하는 바람이 있기에 임상 현장에 오게 되었다. 타인에게 초점을 맞추면서, 우리는 정작 자신의 욕구는 간과하고 경시해 왔다. 문헌들은 조력자가 어떻게 어릴 때부터 '구조자' 역할을 해 왔는지에 대해 언급한다(Kottler, 2010). 어릴 때부터 구조자 역할을 해 온 것이 조력자 직업으로 가는 경로임을 고려할 수 있으나, 치료자로서 경험할 수 있는 해로운 역동을 초래할 수도 있다. 즉, 타인의 욕구를 우선시하는 것은 타인을 '구조'하려는 우리의 바람을 충족시켜 주더라도 우리 자신의 안녕에 주의를 기울이는 것을 희생시킬 수 있다. 결과적으로 우리의 어떤 욕구를 경시하는 동안에 타인을 우선시하는 그 행동이 타인을 위하고자 하는 우리의 욕구는 만족시켜 줄 수 있다. 따라서 타인을 구조하려는 우리의 욕구로 인해 우리 자신에 대해서 적절한 주의를 기울이기가 어렵다. 자기자비 작업은 기본적으로 변화를 도모해야 한다.

　우리는 우리 자신을 우선시하는 것을 꺼리며 타인을 구조하려는 욕구를 억제하지 못한다. 우리가 논의하고자 하는 주요 정서는 죄책감이다. 죄책감은 스스로 비난하고 비판하는 것이 쓸모가 있다고 말해 주는 것 같다. 우리 안에 있는 비판자는 우리로 하여금 계속 '바로잡아야 한다'는 사실을 열렬히 상기시킨다. 우리는 문화의 더 넓은 이야기 속에서 강화된 이러한 죄책감을 알아차렸다. 즉, 우리는 자기돌봄, 자기자비가 '이기적'이고 '사치스럽고' '거품'으로 여겨지는 것을 들어 왔다. 우리가 처한 현실을 반영하는 코틀러와 블라우(Kottler & Blau, 1989, p. 2)가 언급한 글을 읽고 슬펐다.

잦은 사고와 실수에 대해 개방적으로 논의하는 것을 꺼리는 풍토 속에서, 그리고 의심하거나 조금도 방심할 수 없는 전문적 환경 속에서, 자기 의심과 공공의 냉소 그리고 업신여기는 비판들 속에서 우리가 위안받고 깨우침을 얻을 곳은 거의 없다.

더구나 우리는 비난을 경험하는 데 취약하다. 우리는 언제나 '완벽'을 위해 고투하는 전형적인 치료자를 봐 왔다. 우리의 이성적이고 논리적인 부분은 완벽할 수 없음을 수용하는 반면에, 우리의 아이 같은 부분은 완벽주의에 대한 기대를 충족시켜야 한다고 믿는다.

처음에 '완벽하지 않아도 괜찮다'는 우리의 깨달음은 안도감과 함께 찾아왔다. 완벽을 추구하는 욕구로부터 해방되자, 우리는 **완전하게 완벽하지 않음**(perfect imperfect)을 추구하는 것으로 방향을 전환하게 되었다. 즉, 순전히 완벽하지 않은 모습을 보이려고 애썼다. 하지만 순전히 완벽하지 않은 모습은 그 자체가 모순임을 인정하고 자기자비를 실천하지 않고서는 완전히 완벽하지 않음을 보일 수 없다는 것을 수용하게 되었다. 우리가 느끼는 애도와 상실감을 이해하기는 쉽지 않을 것이다. 우리는 '완벽은 불가능하다'는 신념을 극복하기 시작하면서, 골대가 없는 우리 자신을 갑자기 발견하게 되었다. 과장 없이 말하자면, 이러한 통찰은 갑자기 수많은 우리의 결정에 관한 의문(우리가 누구인지, 미래가 어떻게 전개될지)을 제기하게 했다. 치료자가 '초인이 되고자 하는 강한 기대'를 가지고 있다는 것은 놀라운 일이 아니다(예: Farber, 2000). 이러한 점을 고려하면서, 우리는 도움 추구 또는 취약성을 인정하는 것에 대해서 위협적으로 느끼고 있음을 깨달았다.

도움을 구하거나 정서적 고통에 대해서 지지를 구하는 사람에게 오명이 씌워지기도 한다(Corrigan, 2004). 실제로 어떤 연구에서는 특히 치료자의 도움 및 지지 추구 행동에 대해 오명이 주어짐을 조명하였다(Wilson, Weatherhead, & Davis, 2015). 만약 치료자가 초인이 되거나 완벽해질 것을 기대한다면, 치료자는 고군분투하고 지지를 구하는 행동을 실패와 동일시하게 된다. 우리는 전문가로서 "특정 부류의 사람"이어야 한다는 것이며(Wilson et al., 2015, p. 42), 이는 완벽하게 영구적으로 자신감 있고 유능해야 한다는 의미이다. 우리는 자기자비 실천을 덜 유능한 것으로 치부하고 그것이 치료자로서 신뢰성을 약화시킬 것이라는 두려움이 있는지 궁금했다.

우리는 동료들과 자기돌봄에 대한 논의를 하면서, 자기자비의 목적에 관한 수많은 가정에 주목했다. 자기자비를 실천했을 때의 이점들이 있지만, 또 한편으로는 자기자비가 너무 결점에 너그럽다는 인식도 있었다. 우리는 동료들로부터 자기자비는 우리의 잘못을 변명하거나 실수를 경감시키는 수단 또는 "자, 걱정 마."로 말하는 방식이라는 이야기를 들었다(Welford, 2012, p. 5). 그러나 이런 말은 전혀 맞지 않다. 자비에 기반한 접근은 우리의 한계를 인정하고 우리의 보편적 인간성을 수용하면서 우리의 행동에 대해 책임을 지며 성장하도록 처방하는 것이다(Patsiopoulos & Buchanan, 2011).

자기자비를 단순히 거품 목욕을 하거나 촛불을 켜거나 많은 초콜릿을 먹는 것으로 오해하는 것 같다. 자기자비는 물론 거품 목욕을 포함할 수도 있다. 하지만 이러한 자기자비 과정은 특정 활동이나 실재하는 품목 그 이상이다. 자기자비는 수용적인 자세[2] 또는 '나는 알지 못한다'는 태도를 취하기, 자비로운 우리 마음에 귀 기울

이기, 마음챙김, 우리 자신을 위해 시간 내기, 우리 자신의 오류 가
능성에 대해서 개방하기 등을 포함한다(Patsiopoulos & Buchanan,
2011). 그러나 이러한 실천이 쉽지는 않다.

우리가 처한 환경과 문화가 자기자비를 할 수 있는 기회에 얼마
나 많은 영향을 주는지 아는 것이 중요하다. 우리 둘은 국민보건서
비스(NHS)에서 주로 일하는데, 여기서는 주로 목표지향적인 돌봄
이 이루어진다. 목표를 달성해야 한다는 압박은 현재 경제적 · 정
치적 분위기로 인해서 더 악화되었다. 즉, 이곳은 생산성을 중시하
며, 생산성이 개인의 가치와 동의어가 되어 갔다. 우리의 가치는 우
리가 하는 일의 질보다는 얼마나 많은 내담자를 보는지에 따라 결
정되는 것 같았다. 이러한 문화에서는 경쟁심이 번성하게 되며, 소
진의 수준은 성공의 척도가 된다. 이러한 문화는 틀림없이 우리의
순교에 의해 영속화된다. 순교는 성취할 수 없는 목표를 충족한다
는 명목으로 우리 자신의 안녕을 기꺼이 희생하는 것이다. 이는 앞
서 우리가 논의했던 구조자 역할이 전혀 아니다. 이러한 패턴은 우
리 자신의 욕구에 주의를 기울이기 전에 타인의 욕구를 충족시키
려는 불가능한 과제를 성취하고자 노력하는 것이다.

우리는 자기돌봄이 불필요한 방종이라는 오명을 씌우는 문화에
서 살아가고 있다. 우리는 이러한 문화 내에서 압박을 주는 환경에
서 일하면서 완벽주의적 죄책감을 강하게 느끼며, 타인을 구조하
고, 자기를 부인하고, 초인의 순교자가 된다. 우리 안에 있는 비판

---

2) 수용은 부당함을 감내하거나 고통을 묵살하는 것이 아니라, 자비로운 마음으로 부당
함이나 고통을 명확히 보고 주의를 기울이는 방식을 의미한다. 수용에 대한 자세한
논의는 Brach(2013)을 보자.

의 목소리가 우리가 듣는 가장 큰 목소리라는 것은 그리 놀라운 것
도 아니다. 우리의 완벽하지 않은 자기는 모든 수준에서 직면해야
하는 장해물에 대항할 기회를 거의 가지지 못한다. 그럼에도 불구
하고 자비에 기반한 접근은 이러한 도전을 다루는 우리의 이전의
방식에 대해서 비판하지 않는다. 자비에 기반한 접근은 우리 자신
으로 하여금 좀 더 자비로운 자기에 힘을 불어넣도록 지지하면서,
우리의 비판과 비판의 목소리가 왜 그렇게 커졌는지에 대해 공감
하게 한다. 이러한 자비과정의 핵심 부분은 우리가 완벽하지 않고
또 결코 완벽해질 수 없지만 그래도 괜찮다는 것을 명확하게 인정
하는 것과 관련이 있다.

완벽하지 않은 자기

우리는 완벽해질 필요가 없다는 사실을 받아들이면서 갑자기 미
지의 공포에 직면하게 되었다. 우리는 조심스럽게 '충분히 좋음'이
실제로 충분히 좋은 것이라고 믿기 시작했다. 우리는 우리 자신의
한계를 실패와 동일시하지 않고, 그 한계를 인정하기 시작했다. 한
계를 인정하면서 느껴지는 자유함에 대해서는 말로 다 표현하기가
어렵다. 우리는 지금까지 우리 자신에게 자비로운 태도로 임하지
못했음을 깨닫고 슬픔이 올라왔다. 그럼에도 불구하고 우리가 왜
자신에게 자비를 보이지 못했는지 이해하게 되었고, 또한 우리가 다
른 방식으로 전진해 나갈 수 있다는 희망도 가지게 되었다.

우리는 이러한 과정을 통해서 우리의 완벽하지 않은 자기를 보
살피게 되었고, 타인에게 우리의 불완전성이 보이는 것을 용인하

기 시작했다. 벨로즈(Bellows, 2007)는 우리의 완벽하지 않은 자기를 보살피고 타인에게 우리의 불완전성을 기꺼이 보이기 위해서는 우리가 완벽주의적 기대를 줄이고 좀 더 실제적인 자기를 육성해야 한다고 제안한다. 결국 내담자는 우리의 자기수용과 자기존중의 모델을 관찰하고 내면화한다. 역설적이게도, 우리가 자신의 한계를 수용하고, 우리의 고군분투를 인정하고, 지지를 구하는 것이 오히려 실제로는 내담자와의 관계와 우리 자신과의 관계에 긍정적인 영향을 미친다. 우리는 많은 비판을 초대하기보다는 완벽하지 않음을 수용하고 심지어 반겼다. 우리는 보편적 인간성을 밝힘으로써 내담자와 연결되었는데, 이는 완벽하지 않음의 능력에 대해 성찰하게 했다.

> 보편적 인간성이란 인간 조건은 완벽하지 않으며, 우리는 완벽하지 못하기에 다 괴로움을 겪는다는 점을 인정하는 것을 포함한다. …… 우리는 다 완벽하지 않다. 우리는 완벽하지 않기에 인간인 것이다(Gerner & Neff, 2013, p. 857).

우리는 언제나 '최선'을 다해 애쓰고 있다고 느끼기보다는 '완벽하지 않다'고 느끼기 쉽다. 따라서 최선을 다하고 있다고 느끼는 것은 틀림없이 처음에는 오히려 불편한 것으로 와닿는다. 우리는 어떠한 실수라도 숨겨야 한다고 조건화되고 완벽을 추구해 왔기 때문에, 불완전성을 수용하는 것은 기본적으로 잘못되었다고 느꼈다. 하지만 우리는 실수를 인정하고 수용하도록 권고했다! 어려운 작업이지만, 실수에 대한 인정과 수용이 우리 자신뿐만 아니라 내담자에게 영향을 미치는 것을 보면서 실수를 빠르게 느끼고 그것을 받아들였다.

우리는 완벽하지 않은 자기를 발달시키는 데 어떤 구체적 공식
이 있기를 원했다. 하지만 우리는 이러한 과정이 개인적 과정이라
고 믿었고, 여전히 길을 찾고 있는 중이다. 그럼에도 불구하고 우리
는 완벽하지 않은 자기를 발달시키는 과정에 도움이 되는 성찰과
권고를 나누기 좋아했다. 우리는 완벽하지 않은 자기를 발달시키
는 도식을 [그림 1-1]로 요약했다. 하지만 이는 우리의 여정의 표
상이며, 완벽하지 않은 자기를 고양시키는 모든 청사진은 아니다.
중요한 측면 중 하나는 우리 자신의 반응과 그 기원에 대해 마음챙
김을 할 기회를 수용하는 것이다. 이는 도전적인 상황에서의 우리

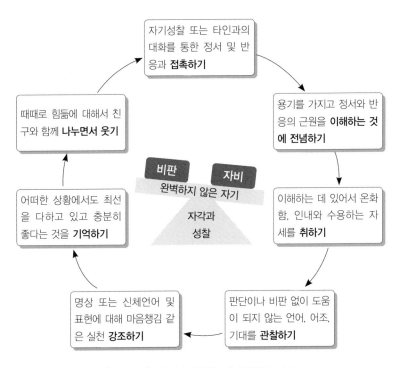

[그림 1-1] 완벽하지 않은 자기 발달시키기

의 반응을 이해하도록 도울 것이다. 우리는 이 장을 '완벽하게' 완성하려는 바람이 있다는 것과 서로의 기여와 의견에 대해 예측하고 있다는 것을 반복해서 알아차렸다. 우리는 이 장에서 특히 우리의 완벽하지 않음을 인정했다고 느꼈다. 완벽하지 않음을 인정하는 것은 또한 우리가 고군분투하는 경향을 촉발시켰다. 우리는 우리의 반응을 주목하고 탐색함으로써 완벽하지 않은 자기에 대해 관여할 수 있었고, 다음과 같은 점을 수용할 수 있었다.

- 우리의 반응은 이해할 수 있고 예측할 수 있었다.
- 우리가 최선을 다해서 성취할 수 있도록 돕는 것이 비판이라는 것을 인식했다.
- 우리의 노력은 '충분히 좋은' 것이었다.

자비에 기반한 치료 모델에서 길버트(Gilbert, 2014)는 자비에 기반한 치료 선택의 중요성 및 자비로운 톤과 얼굴표정에 대해 논의한다. 우리가 처음에 자비에 기반한 접근을 실천할 때, 그것은 서투른 고등학교 연극반—때때로 킬킬거리고 서로 슬쩍 쳐다보는—을 연상시켰다. 그러나 우리는 겉으로 보기에 작은 이러한 변화가 우리로 하여금 자비를 경험하게 하는 것을 보고 놀랐다. 우리는 서로 자비를 실천하는 실험을 했다. 우리는 친절하고 격려하는 말투와 은은한 부처의 미소 같은 자비의 측면에 주의를 기울였다.

우리는 얼마나 많이 탓하고 비난이나 판단의 언어를 사용하는지에 관해 좀 더 많이 자각하게 되었다. 지금 언급하고 있는 '우리'는 단순히 우리 두 사람뿐만 아니라 우리가 속해 있거나 함께 일하는 좀 더 큰 체계를 말한다. 심지어 우리는 자비로운 자세를 취하고 우리의 의사소통에 대해서 마음챙김을 한다고 생각할 때조차도 우리가 '해야 한다(should, must, ought)'와 같은 당위적 언어를 사용함을 알아차렸다. 우리가 '올바른' 언어를 사용하는 데 '실패'했을 때, 다시 비판의 기회가 찾아온다. 실패했다고 느낄 때가 바로 비판단적인 수용을 취하며 이러한 실패 반응에 대해 유머를 지닌 태도로 우리의 완벽하지 않은 자기를 허용할 수 있는 기회인 것이다.

우리가 논의했듯이 '충분히 좋다'고 믿는 과정은 하나의 선형적인 과정도 아니고 언제나 쉬운 과정도 아니다. 이러한 과정은 좋다가도 나쁘기도 하고, 특히 마감시한이 다가올 때처럼 비판이 지배적인 자리로 되돌아오는 경우도 있다. 우리는 '이 과정에 전념하는 것', 우리 자신을 신뢰하고 '충분히 좋다'고 믿는 것에 대해서 나누기 시작했다. 우리가 어떤 환경에서도 최선을 다하고 있다고 인정하는 것이 우리에게 희망을 갖게 했다. 또한 우리는 이러한 인정이 내담자에게도 강력한 전환점으로서 기여할 수 있음에 주목했다. 즉, 내담자는 상담자로부터 "당신은 최선을 다하고 있어요. 그만하면 충분해요."라는 말을 진솔하게 들을 것이다.

우리의 경험 그리고 이 장을 관통하는 공통된 맥락은 우리가 서로 배우고 의지하는 기회를 가졌다는 것이다. 우리는 서로 간의 비교는 도움이 안 되고, 서로가 다른 강점이 있으며 자비 능력이 있다는 사실을 재빠르게 인정했다. 처음에는 우리 자신보다는 서로의 강점과 자비 능력에 대해서 더 알아차리기가 쉬웠다. 우리가 완벽하지 않은 자기를 발달시켜 나가는 데에는 공유된 호기심과 개방성이 도움이 되었다. 이러한 공유된 호기심과 개방성은 우리로 하여금 비위협적이고 격려하는 방식으로 서로의 경험에 주목하게 했다. 우리는 동료들과 이와 비슷한 대화를 추구하는 것이 자기자비를 발달시키는 것의 시작점이자 필요한 지원임을 발견했다.

이상의 모든 과정은 우리로 하여금 개인적이고 전문가적인 맥락에서 완벽하지 않음을 좀 더 편안하게 드러내는 데 도움이 되었다. 우리는 동료들이 우리가 이 장을 쓰는 것에 대해서 관심을 가지고 있다는 것과 자비라는 개념이 얼마나 생소한지에 관해 상기시켜 준 것을 경험했다. 우리는 치료, 자문, 수퍼비전을 할 때 우리의 완벽하지 않은 모습을 적극적으로 보여 주었다. 스태프들도 자신들이 완벽하지 않음을 '허용'함으로써 자신을 있는 그대로 더 느끼게 되었고, 결과적으로 팀에 더 연결된 느낌을 받게 되었으며, 힘들 때 지지를 구하고 개방하게 되었다고 말했다. 역으로 자기자비가 다른 사람에게 영향을 미치는 것을 보면서, 우리는 자기자비 실천과 완벽하지 않은 자기를 표현하는 데 계속해서 전념하게 되었다.

결론

자기자비는 모두에게 다 맞는 개념도 아니고 괴로움이나 난관을 초래하는 사건을 피하게 할 수도 없다. 하지만 자기자비는 우리가 괴롭고 어려운 경험 및 정서를 처리하고 수용하고 책임지는 데 도움을 준다. 그리고 자기자비는 최근에 '유행어'가 되어 상품화 또는 병리를 설명하게 되는 위험에까지 처해 있다. 자기자비는 우리가 가지거나 가지지 못한 어떤 것이 아니며, '잘못된' 무언가도 아니다. 우리가 논의했듯이, 자기자비 태도를 취하는 데는 수많은 장해물이 있으며, 그중 대다수는 우리가 통제하거나 선택할 수 없는 것들이다. 그러나 우리의 완벽하지 않음을 친절과 이해심을 가지고 인정하고 우리 자신을 충분히 좋다고 받아들일 용기가 있다면, 우리의 삶과 우리를 둘러싼 타인의 삶도 더 향상될 것이다.

참고문헌

Bellows, K. F. (2007). Psychotherapists' personal psychotherapy and its perceived influence on clinical practice. *Bulletin of the Meninger Clinic, 71*(3), 204-226.

Brach, T. (2003). *Radical Acceptance*. London: Random House.

Corrigan, P. (2004). How stigma interferes with mental healthcare. *American Psychologist, 59*(7), 614-625.

Farber, N. K. (2000). Trainees' attitudes toward seeking psychotherapy scale: Development and validation of a research instrument. *Psychotherapy: Theory, Research, Practice, Training, 37*(4), 341-353.

Gerner, C. K., & Neff, K. D. (2013). Self-compassion in clinical practice. *Journal of Clinical Psychology, 69*(8), 856-867.

Gilbert, P. (2010). *Compassion Focused Therapy: Distinctive Features*. London: Routledge.

Gilbert, P. (2014). The origins and nature of Compassion Focused Therapy. *British Journal of Clinical Psychology, 53*, 6-41.

Heffernan, M., Griffin, M. T., McNulty, S. R., & Fitzpatrick, J. J. (2010). Self-compassion and emotional intelligence in nurses. *International Journal of Nursing Practice, 16*, 366-373.

Kottler, J. A. (2010). *On Being a Therapist* (4th edn). San Francisco, CA: John Wiley and Sons.

Kottler, J. A., & Blau, D. S. (1989). *The Imperfect Therapist: Learning from Failure in Therapeutic Practice*. San Francisco: Jossey-Bass.

Leary, M. R., Tate, E. B., Adams, C. E., Allen, A. B., & Hancock, J. (2007). Self-compassion and reactions to unpleasant self-relevant events: The implications of treating oneself kindly. *Journal of Personality and Social Psychology, 92*, 887-904.

Maben, J., Peccei, R., Adams, N., Robert, G. et al. (2012). *Exploring the Relationship Between Patients' Experiences of Care and the Influence of Staff Motivation, Affect and Wellbeing*. National Institute for Health Research. Available at www.netscc.ac.uk/hsdr/files/project/SDO_FR_08-1819-213_V01.pdf, accessed on 2 May 2017.

Neff, K. D. (2003). Self-compassion: An alternative conceptualization of a healthy attitude toward oneself. *Self and Identity, 2*, 85-102.

Neff, K. D., Hseih, Y., & Dejitthirat, K. (2005). Self-compassion, achievement goals, and coping with academic failure. *Self and Identity, 4*, 263-287.

Neff, K. D., Rude, S. S., & Kirkpatrick, K. (2007). An examination of self-compassion in relation to positive psychological functioning and personality traits. *Journal of Research in Personality, 41*, 139-154.

Neff, K. D., & Vonk, R. (2008). Self-compassion versus global self-esteem: Two different ways of relating to oneself. *Journal of Personality, 77*(1), 23-50.

Patsiopoulos, A. T., & Buchanan, M. J. (2011). The practice of self-compassion in counseling: A narrative inquiry. *Professional Psychology, Research and Practice, 42*(4), 301-307.

Sbarra, D. A., Smith, H. L., & Mehl, M. R. (2012) When leaving your ex, love yourself: Observational ratings of self-compassion predict the course of emotional recovery following marital separation. *Psychological Science, 23*(3), 261-269.

Welford, M. (2012). *The Compassionate Mind Approach to Building*

Your Self-Confidence Using Compassion Focused Therapy. London: Robinson.

Wilson, H. M. N., Weatherhead, S., & Davis, J. S. (2015). Clinical psychologists' experiences of accessing personal therapy during training: A narrative analysis. *International Journal of Practice-based Learning in Health and Social Care, 3*(2), 32-47.

자비와 자기비판
변화하는 삶, 회복탄력성과
관계연결성으로의 여정

• • • • • •

리즈 톨런타이어(Liz Tallentire) 박사, 임상심리학자

나는 최근에 임상심리학자 자격을 부여받았다. 이렇게 자비에 기반한 수련 경험에 대해 나눌 기회를 가지게 되어서 기쁘다. 이 장은 나의 인생 이야기를 나누는 것부터 시작하고자 한다. 그리고 나서 치료, 보상, 난관과 성찰 면에서의 자비의 경험을 나누고자 한다. 나는 여러분이 내가 배운 자비를 쉽고 유용한 방식으로 적용하기를 희망한다.

지금까지 내 삶의 여정은……

내가 임상수련의 길로 들어서게 된 경로는 평범하지 않다. 나는 16세에 집을 떠나 처음으로 연구과학자로서 진로를 계획했다. 나는 화학, 생물학, 수학, 심화수학에서 A 학점을 받았다. 하지만 실험실에서 두 학기를 보낸 후, 나는 이 일이 내가 원하는 일이 아님을 알게 되었다. 그래서 방송대학의 심리학 학부과정에 들어가게 되었다. 그때가 내 나이 18세로, 첫딸이 태어났으며 일과 양육을 병행하게 되었던 시점이다. 학부과정을 마치는 데 6년이 소요되었으며, 그 기간 동안 결혼하고, 이혼하고, 전일제 일을 하고, 딸을 돌보면서 지냈다. 그 기간 동안 즐거운 일도 있었으나, 나는 스스로를 탓하기도 하고, 힘든 시기였기에 누군가에게 도움을 청해야 한다고 생각하기도 했다. 그 당시 나는 재정 상태가 좋지 않았기 때문에 석사과정은 선택안이 아니었다. 따라서 임상심리 석사과정은 잠시 제쳐 두게 되었다. 나는 노인 간병인으로서 노인과 장애인 가정에서 그들을 돌보고 지원하는 일을 했다. 그리고 6년 동안 성인 정신건강기관에서 간호조무사로 일했다.

당시를 회상해 본다면 나는 수많은 곤경에 처해 있었고, 그 경험을 결코 잊고 싶지는 않다. 그때의 경험은 지금의 나를 만들어 준 발판과도 같다. 그때의 경험을 통해서 나는 어려움에 처한 타인들에 대해 통찰을 할 수 있게 되었다. 그리고 사회 집단과 환경이 개인의 선택과 건강에 어떻게 영향을 미치고 그것을 제한하는지에 대한 깨달음을 얻게 되었다. 나의 전문가적인 삶에서 보면, 내가 겪은 경험은 나로 하여금 어려움에 처한 타인에 대해서 비판단적인 태도를 갖고 그들을 가치 있게 여기도록 안내했다.

석사학위과정을 마친 후, 나는 학교에서 부모지원 조언자로 일하였다. 즉, 부모가 자녀교육에 참여하게 돕고, 부모가 겪는 가정문제를 도와주는 일을 했다. 나는 부모를 대상으로 행동주의와 애착이론에 기반하여 양육교육을 진행했다. 이 일을 하면서 코디네이터, 부모지원 조언자의 수퍼바이저로 승진했으며, 운 좋게도 리더십 및 경영 석사학위과정을 이수할 기회를 얻게 되었다. 나는 좀더 나은 상태로 나아가는 것 같았고, 이러한 기회를 통해서 좀 더현명해지는 것 같았다. 그리고 이렇게 주어지는 기회를 통해서 나만의 독특함이 만들어짐을 깨달았다.

부모지원 후원자금이 고갈되면서 나는 부모지원 조언자 일을 그만두게 되었고, 슈어 스타트 아동 센터(Sure Start Children's Centres)의 관리자로 다시 일하게 되었다. 내가 부모지원이라는 역할을 수행하면서 많은 시간을 보냈고 열정을 다했기 때문에 다른 직장으로 전환하는 것은 어려운 과정이었다. 동료들과의 헤어짐은 마치애도과정과 유사했다. 나의 이전 역할에 대한 상실을 애도한 후, 내가 얻은 것, 즉 많은 기술과 다양한 것을 시도할 수 있는 기회들에대해 감사했다. 이러한 경험 덕분에, 나는 슈어 스타트 아동 센터에서 또다시 경험되는 고용불안정 문제에서 우리 팀 스태프를 지지할 수 있었다. 정말 직장을 그만두게 될지 모른다는 고용불안은 임상실무자에게는 도전으로 와닿았으며 사기를 꺾곤 했다. 나는 이전의 경험을 토대로, 이런 시기에 올라오는 힘든 감정을 인정하고허용하는 것이 얼마나 중요한지와 이러한 힘든 시기가 오히려 변화하는 기회가 될 수 있다는 것을 강조했다. 나는 이때가 바로 내가임상심리 수련과정에 지원할 기회라고 간주했고, 결국 새로운 시도에 성공했다.

따라서 나는 임상심리 수련과정에 들어갔다(그 당시 나는 32세였고, 내 딸은 13세였다). 나는 그때까지 나의 삶과 경력에서 자원봉사 몇 시간을 제외하고는 심리학 조교로 일한 적이 없었다. 즉, 적용 가능한 특정 심리학적 모델에 대한 지식이 제한적이었지만, 나에게 도움이 되는 기술과 태도는 지니고 있었다. 처음에는 다른 수련생보다 뒤처진다고 느꼈다. 하지만 나는 수련을 받으면서 진보해 나갔으며, 무엇보다 나의 이전 경험과 나의 특성에 대한 가치를 점점 인정하게 되었다. 예를 들면, 내 안에 있는 일에 대한 자신감, 나의 관점을 취하는 것, 어려운 이슈에 대해서 성찰하는 것, 어려운 상황일지라도 변화의 가능성에 대한 희망과 믿음을 갖는 것, 타인을 고무시키고 동기를 부여하는 능력을 인식했다.

자비에 기반한 마음수련(Compassionate Mind Training: CMT)은 나에게는 새로운 것이었다. 나는 이 수련을 받기 전에 간단한 마음챙김 경험을 한 적은 있었다. 나는 과학적이고 진화적인 이론이 자비와 결합하고 있음(Gilbert, 2009)에 대해서 이해했다. 나는 나 자신이 아주 자비로운 사람인 줄 알았다. 나는 타인의 관점에서 상황을 보는 것을 잘하며 타인이 어려움을 겪는 이유에 대해 이해를 잘한다고 알고 있었다. 자비를 실천하기 시작했을 때도 특히 자기자비 영역에서 내가 더 많이 발전해야 한다는 것을 알지 못했다. 나는 점점 나 자신에 대해 자비를 가지는 것이 얼마나 어려운지 알게 되었고, 자기자비 없이는 행복할 수 없음을 이해하게 되었다. 지금은 자기비판을 나의 일부로 인정한다. 농담 삼아 나의 자기비판 부분을 히아신스 부케(Hyacinth Bouquet)라고 부른다. 히아신스 부케는 1990년대의 영국 시트콤 〈Keeping Up Appearances〉에 나오는 인물로, 히아신스는 성이고 '버킷(Bucket)'이 이름이다. 그녀는 '부케(Bouquet)'라고 불리기를 고집한다. 그녀는 실제로 노동자 계층 출신임에도 불구하고 상류계층이라는 인상을 주려고 노력한다. 그녀는 늘 가족(특히 남편)을 비난하며 가족에게 해야 할 것을 요구한다. 그녀가 가족을 세심하게 돌보기 때문에, 그녀가 가족을 간섭해서 가족을 짜증 나게 해도 여러분은 그녀의 선의를 알 것이다. 히아신스는 바로 내 인생에 존재했다. 예를 들면, 내가 일과 양육을 병행했을 때 나는 이러한 자기비판이 어떤 식으로든 나에게 도움이 될 수 있다고 여겼다. 나의 이런 부분은 나를 공부하게 이끌었고, 배우게 했고, 임상심리 박사과정에 들어가게 하기도 했다. 그러나 이러한 자기비판은 도움이 안 되기도 했다. 나의 정서적 안녕과 가족과 함께 지내는 시간을 희생하면서 내가 뭔가를 하도록 밀어붙인 것, 합격만으로는 충분히 좋지 않다고 고집을 부리는 것은 그리 도움이 안 되었다. 하지만 나는 탁월해야 했다. 내 안에 있는 히아신스 특성으로 되돌아오자면, 나는 그녀(히아신스)가 선의를 지니고 있음을 안다. 그리고 나는 그녀가 말하는 것을 인정해야 한다. 그 이면에 중요한 무언가가 있다. 그녀(자기비판의 상징)는 단지 좀 더 이해할 수 있는 방식으로 설명할 수 있도록 어떤 지원이 필요할 뿐이다.

치료에서의 자기비판에 대한 나눔 경험

나는 치료하면서 자기비판을 하고 있음을 알아차렸다. 이와 함께 인지행동치료(Cognitive Behaviour Therapy: CBT)가 도움이 되

| 표 2-1 | '문제'에 대한 자비에 기반한 해석 |

인지행동치료(CBT) 요소	자비에 기반한 해석
문제	경험
부정적 자동적 사고	사고
사고 오류	어떤 환경에서는 도움이 될 수도 있고, 또 다른 환경에서는 도움이 안 될 수도 있는 사고패턴
부정적 핵심신념	우리가 누구인지에 관한 토대가 되는 신념으로, 우리에게 도움이 될 수도 있고 해가 될 수도 있음
생활규칙	우리가 처한 환경에 적응하기 위해 발달시켜 온 생활규칙으로, 우리에게 도움이 될 수도 있고 해가 될 수도 있음

지 않았고 심지어 해가 되는 내담자들에게 주목하기 시작했다. 나는 사고 오류나 부정적 핵심신념에 대해서 말하는 내담자들을 많이 접했으며, 그들은 그러한 사고 오류나 부정적 핵심신념을 변화시킬 수 없기 때문에 실패감을 느낀다고 언급했다. 인지행동치료는 많은 사람에게 도움이 되지만, 나는 인지행동치료를 통해서 거의 향상을 보이지 않은 여러 사람을 만나기도 했다(〈표 2-1〉 참조).

이러한 사람들의 두드러진 특징은 열정이 많다는 것과 더불어 부정적 사고 또는 감정을 경험하지 않으려고 노력한다는 것이다. 나는 이러한 사람들 중 한 명의 사정(assessment)을 마쳤다. 그녀는 의미 있는 건강 문제를 경험했다. 즉, 나는 그녀로 하여금 운전에 대한 불안감을 피하지 않고 오롯이 느끼게 함으로써 그녀의 건강 문제가 해결되는 것을 체험했다. 여러 날 동안 그녀에게 마음챙김을 가르쳤는데, 이 개입이 즉각적으로 효과를 나타냈다. 내담자와 함께 사례개념화를 했으며, 나는 그녀에게 사고를 알아차리는 것이 왜 도움이 되었는지 설명했다. 우리(내담자와 나)는 그녀가 필사적으로 고통을 피하려고 노력했기 때문에 오히려 고통을 얻을까 봐 과도하게 불안해하게 되었고, 이러한 불안이 오히려 그녀에게 실제로 고통을 주었다는 사실을 인정하게 되었다. 그녀는 고통받는 것에 대해서 그녀 자신을 비난했다. 나는 그녀가 고통스러운 감정을 인간 경험의 한 부분으로서 수용하기를 희망한다고 이야기했다. 결국 그녀는 고통스러운 감정을 필사적으로 피하지 않음으로써 오히려 고통의 감소를 경험했다. 이는 아주 역설적으로 보인다. 즉, 고통을 수용함으로써 고통이 감소되는 것이다. 고통과 씨름하고 그러한 사고와 감정을 피하려고 노력하는 것은 고통스러운 사고와 감정을 더 강하게 만든다. 예를 들면, 여러분이 분홍색 코끼리를 생각하지 않으려고 노력할수록 분홍색 코끼리는 더 생각날 것이다. 우리에게는 어떤 특정 방식으로 행동할 선택권이 없다. 물론 우리는 감정과 사고에 대한 선택권도 없다. 우리의 몸과 마음은 우리가 선택하는 대로 따르지 않는다. 우리는 몸과 마음에 영향을 주기 위해 무언가를 할 수 있다. 그러나 몸과 마음을 직접적으로 통제할 수는 없다.

자비의 실천, 보상과 막힘

내담자와 나는 자기도움 마음챙김 책을 끝까지 읽고 다시 만나기로 합의했다. 나는 개인적으로 자비를 실천했지만 체계적 방식으로 실천하지는 못했다. 그래서 지금이 바로 자비 과정을 경험해야 할 때라고 생각했다. 나는 책『마음챙김: 혼란스런 세상에서 평정심을 유지하는 실제 지침(Mindfulness: A Practical Guide to Finding Peace in Frantic World)』(Williams & Penman, 2012)을 사서 8주 자기주도 수업을 따라갔으며, 실제로 적어도 16주 동안 실습을 경험했다. 이 기간 동안, 나는 내담자와 다시 만나기도 했다. 내담자는 자비 실천 면에서 나보다 더 빠르게 진보하고 있었고, 자비 실천을 열심히 한 덕분에 의미 있는 향상을 보여 주었다. 즉, 그녀는 운전에 대해 근심 걱정을 하는 데 더 이상 많은 시간을 할애하지 않았다. 그녀는 이제 이 도시에 살고 있는 많은 사람이 나름 두려워하는 것이 있으며 두려움과 마주하기를 꺼린다는 사실도 깨달았다. 그녀는 이제 자동차 대신 기차를 타는 것도 괜찮다고 느꼈고, 운전에 대해서도 좀 더 자신감을 느낀다고 했다. 그녀는 마음챙김을 하고 있는데, 이는 자기자비 부분도 포함되어 있으며, 이러한 마음챙김을 통하여 삶을 변화시켰다고 느꼈다.

그 후에도 나는 마음챙김 책의 안내를 받아 계속 실천했다. 어떤 시점에서는 아주 막힌 듯한 느낌을 받았지만, 바로 이 시기가 자기자비에 초점을 맞출 때임을 알아차렸다. 나는 이 부분에서 막히는 이유가 내가 나 자신에 대해서 자비로운 자세를 취하기 어렵기 때문이라는 것을 점점 더 알게 되었다. 내담자는 자비로운 태도를 빠르게 연마했지만 나는 좀 더 시간이 필요했다! 나는 자비에 기반한 마음수련에 관심을 가지게 되면서 나 자신에게 자비 수련을 적용하기 시작했다. 나는 이러한 자기자비 수련의 실천이 처음에는 어렵다고 느꼈지만, 나에게 아주 큰 도움이 되었음을 인식했다. 나는 임상심리 수련 마지막 해에 개인적 발달과 성찰을 위해 자비에 기반한 마음수련을 실행하기로 선택했다. 특히 나는 당시의 내 목소리에 만족하지 못했는데, 내담자나 동료의 지지에 힘입어 그것을 극복하기 시작했다. 지금까지 모든 내담자는 내 목소리를 좋아해 주었다. 이러한 나의 경험은 나로 하여금 자비로운 태도의 타인을 이미지화하도록 도와주었다. 나는 이러한 위로의 내면화된 대상을 창조했으며 힘든 상황들, 특히 슬픔을 느끼거나 실패했다고 느꼈던 때에 이러한 내면화된 대상을 마음속에 그릴 수 있었다.

시간이 지나면서 나 자신과의 관계가 변화하고 있음을 알아차렸다. 나는 스트레스가 있을 때 스스로에게 더 친절하게 대할 수 있었으며, "낙담할 수 있어." "이 상황에서 그럴 만해."라고 나 자신에게 말할 수 있었다. 나는 내가 한 행동과 느낌을 연결시킬 때 고통이 그리 오래가지 않는다는 것을 발견했다.

두뇌의 신경연결경로에 대해 학습하는 것은 변화가 어떻게 일어나는지를 이해하는 데 도움이 된다. 내 경험의 경우, 반복학습은 기술 또는 사고패턴에 필요한 통로를 이루는 두뇌에서의 뉴런 간 연결을 강화시킨다. 따라서 기술이나 사고를 반복할수록 연결성은 더 강화된다. 반대로 기술 또는 사고패턴을 사용하지 않거나 전혀 발달시키지 않는다면, 신경연결경로는 약해지며 변화하는 것이 더 어려워진다.

나는 자기자비가 발달해 가면서 타인에 대한 자비 또한 변화하고 있음을 알아차렸다. 나는 다양한 수준에서 자비가 작동되고 있는 것처럼 느꼈다. 이전에는 주로 인지적 수준에서 타인을 이해한 것 같다. 하지만 지금은 타인을 향한 자비가 질적으로 다른 변화를 겪고 있다. 즉, 타인에 대한 자비는 더 깊은 타인과의 연결성으로 확장되며, 말로 다 표현하기가 어렵다. 공감은 단지 사고나 표현이 아니라 또 다른 사람과의 정서 공유를 통해서 깊게 느끼며 그 사람과 함께 경험하는 것이다. 이러한 관계연결성은 이전에도 어느 정도 있었지만, 지금은 치료에서 의식적으로 공감을 하면서 확장되었다. 이러한 공감은 치료 관계에 아주 큰 이득을 주지만, 정서적 에너지 같은 희생도 따른다. 따라서 특히 파편화되어 통합하거나 담아내기가 안 되는 정서적 상태를 지닌 내담자와 작업할 때는 치료자의 자기자비가 더 절실히 요구된다(더 자세한 논의는 Bateman & Fonagy, 2006에서 참조).

나는 임상심리 수련 마지막 해에 성인 정신건강 서비스에서 전문가로 일하면서 다양한 성격장애 또는 만성장애 환자와 작업했다. 나는 자신을 비난하는 내담자들을 만났으며, 그들과 함께 자기비난을 하는 부분을 나누었다. 나는 이미지화 기법이 나에게 도움이 되었듯이 내담자에게도 도움이 될 것으로 생각했다. 그러나 나는 이내 이미지화 기법이 어떤 사람에게는 도움이 되는 한편, 어떤 사람에게는 도움이 되지 않음을 알게 되었다. 나와 작업한 한 내담자는 사별한 대상을 떠올리고 애도 작업을 하는 것에 너무 고통스러워했다. 그래서 내담자와 나는 다른 치료 접근법을 활용하기로 합의했다. 예를 들면, 그녀가 스스로에게 자비로운 마음을 품을 수 있는 시간을 확인하고, 그 시간에 자기를 향한 자비를 실천하기로 했다. 그녀는 좋아하는 친구에 대해서는 자비로운 태도를 취할 수 있었다. 따라서 내담자와 나는 내담자의 친구가 내담자와 같은 어려운 상황에 처해 있다고 가정하고 그 친구에게 말하듯이 내담자 자신에게 말하는 작업을 함께 하기로 했다. 내담자와 함께 단계별 치료 절차를 진행하는데, 내담자의 필요와 선호에 기반하여 내담자에게 세부사항에 대한 동의를 받고 진행하는 것이 중요하다. 나는 기본적 마음챙김에 인지 기법을 접목한다. 예를 들면, 다음과 같다.

① 멈추기 – 호흡하기
② 내가 어떻게 느끼고 있는가?
 ≫ 신체적으로?
 ≫ 정서적으로?
 ≫ 마음이 어떠한가? – 어떤 생각을 하고 있는가?
③ 친구가 나와 같은 상황에 처해 있다고 가정하고, 친구에게 말하고 싶은 것을 스스로에게 이야기하기
 ≫ 네가 그렇게 느끼는 것은 괜찮아. 그리고 그럴 만해.
 ≫ 네가 언제나 이렇게 느끼는 것은 아니야.

만약 여러분 또는 내담자가 타인보다는 자신에게 더 자비로운 태도를 취한다면, 자신에게 자비로운 태도를 취하듯이 타인에게 자비로운 태도를 취해 보게 하는 것도 좋다.

치료회기에 치료자가 이러한 자비를 시범 보인다면, 내담자는 자신과의 관계 및 힘든 경험에 대해 점진적으로 변화를 도모할 수 있다. 나는 내담자가 사건을 설명할 때 자기비난을 덜 하며 힘든 정서에 대해서는 좀 더 수용하는 모습을 보이는 것에 주목했다.

성찰: 자비에 기반한 마음수련은 내 삶을 변화시켰다

나는 진실로 임상심리 수련과정에서 가장 가치 있고 삶을 변화시켜 준 요인이 자비에 기반한 마음수련이었다고 생각한다. 자비에 기반한 마음수련은 치료 상황과 내 인생 전반에 스며들었다. 작년의 경험을 떠올려 보면, 나는 자비를 실천한 결과로 회복탄력성

을 좀 더 가지게 되었다. 나는 고통과 강렬한 정서 상태를 경험할
수 있었다. 그러나 더 이상 그러한 고통과 강렬한 정서는 나에게 오
래 머물지 않았다. 특히 내가 실수했다고 지각할 때 그 부분에 대해
서 덜 반추하게 되었다. 나는 무엇이 일어나는지에 관해 배우고 넘
어갈 수 있었다.

나는 자비에 기반한 마음수련 전문가도 아니고, 앞으로 전문가
가 되지도 않을 것이며, 전문가가 되는 것이 나에게 중요하지도 않
다. 나에게 중요한 것은 타인과 나 자신에게 자비를 계속해서 실천
하는 것이다. 나에게 자비는 하나의 지식이 아닌 삶의 방식이다.
내담자에게 자비 실천을 배우게 하는 최선의 방법은 여러분이 자
신 또는 타인에게 자비를 실천하는 것이다. 가장 어려운 것은 우
리 자신과 타인에 대해 자비로운 태도가 아닌 점에 대해서 자비로
운 태도를 취하는 것이다. 예를 들면, 여러분 또는 내담자가 자비로
운 편지 쓰기를 시도할 때, 여러분은 진실로 자비로운 방식으로 편
지를 쓴다고 여긴다. 하지만 편지를 크게 읽어 보면 여러분은 여러
분이 생각한 만큼 자비를 실천하지 못했음을 깨닫는다. 그러나 괜
찮다. 자기자비는 아주 어렵다. 중요한 것은 여러분이 자기자비를
연습하고 자기자비를 실천하지 않을 때를 알아차리는 것이다. 자
비에 기반하지 않은 것에 대해 자비를 취하는 과정을 초자기자비
(meta-self-compassion)라고 부른다.

자비는 단지 자비를 직접적으로 실천할 때뿐만 아니라 인지행
동치료(CBT)를 사용할 때도 스며들어 있다. 예를 들면, '사고 오류'
는 어떤 환경에서는 도움이 되고, 또 다른 환경에서는 도움이 되지
않을 수 있다. '이분법적 사고'는 사고 오류의 예가 될 수 있다. 이
분법적 사고는 버릴 항목과 유지할 항목을 빨리 결정하고자 한다

면 유용할 수 있다. 즉, 야생동물으로부터 어떻게 도망칠지 생각할 때 강으로 뛰어들지 또는 나무로 올라갈지 결정하는 데 도움이 된다. 그러나 대다수의 상황에서 이러한 두 가지 선택안만 있다고 사고하는 것은 도움이 되지 않는다. 나의 개인적인 예를 들어 보자면, 나는 언덕 정상까지 곧바로 걸어갈지 또는 내려올지의 두 가지 대안을 두고 고심했다. 이 두 가지 선택안은 내 건강과 내 기분에 긍정적 또는 부정적 영향을 미칠 것이다. 나는 이분법적인 사고와 질문을 하는 것을 인식하고 반까지 걷기 또는 되돌아오고 싶을 때까지 걷기와 같은 다른 해결책을 생각해 낼 수 있었다. 사람들과 핵심신념에 대해 이야기할 때, 나는 핵심신념을 우리의 일부로서 긍정적 또는 부정적이라고 단순하게 기술하지 않는다. 나는 핵심신념 자체가 문제를 일으킨다고 보지 않고, 중요한 것은 핵심신념과 우리의 관계라고 생각한다. 우리는 흔히 극과 극의 정반대의 핵심신념을 강하게 지지한다. 이게 바로 문제이다. 나는 종종 '나는 실패자야.'라는 핵심신념을 사용한다. 내가 '나는 성공자야.'라고 생각하고 이를 강하게 믿는다면, 나는 실패에 대해서 짜증 내며 오히려 성취하는 데 노력을 기울이지 않을 수 있다. 따라서 우리가 변화하기를 원하는 것은 핵심신념이 아니라 우리가 맺는 핵심신념과의 관계이다. 핵심신념에 대한 유연성과 핵심신념이 우리에게 어떻게 영향을 미치는지 자각하는 것이 중요하다. 결국 핵심신념은 좋은 의도로 발달했고, 우리에게 어떤 방식으로 도움을 주었고, 그래서 지속해서 사용하게 되는 것이다. 예를 들면, 나의 완벽하고자 하는 핵심신념은 앞서 언급했듯이 자기비판(히아신스 부케)으로 얽혀 있었지만, 내 삶에 도움이 되기도 하고 방해가 되기도 했다. 그리고 나는 지금 다양하고 좀 더 수용적이고 능숙한 방식으로 핵심신념과 관계를 맺고 있다.

나는 과거의 내 경험에 대해서 이야기할지 말지 망설였다. 내 경험을 함께 나눈다는 것 자체는 좋은 생각이었다. 또한 실제로 이 장을 쓰면서도 좋았고 마무리도 지을 수 있었다. 만약 여러분이 임상심리 수련생이라면 경험을 나누는 것 자체에 대해 두려움을 느낄 수도 있다.

임상수련을 통한 나의 여정은 비교적 순조로웠다. 나는 제시간에 모든 과업을 완수했고, 결국 과정을 이수했다. 수련 기간 동안 스트레스도 많았지만 즐거움과 보상도 많았다. 마지막 보고서에 대해 불합격 통지를 받았을 때, 기분이 나빴지만 최악은 아니었다. 다시 보고서를 제출했지만 또 불합격했다. 나는 두 번의 불합격 후에 합격했다. 논문을 제출한 후에 보고서를 제출하기로 조정했다. 논문을 쓰면서 동시에 보고서를 쓸 마음의 여력이 없었다. 나는 논문을 제한 기간 내에 제출했다. 그리고 수퍼바이저를 찾는 데 약간의 시간을 지체했다. 그러나 나는 정말 열심히 했고 수퍼바이저와 함께 작업하는 것이 아주 행복했다.

마지마 박사학위 구두 시험은 정말 힘든 경험이었다. 심사위원은 나의 논문에 문제를 제기하였고, 논문을 다시 제출하도록 요구했다. 나는 이때 자비에 기반한 심상법과 마음챙김을 활용했으며, 이 방법들은 내가 경험한 충격, 공포, 분노를 좀 더 빨리 극복하는 데 도움이 되었다. 나는 스스로에게 논문 심사에서 불합격한 사실이 끔찍하고 실패자처럼 느껴지는 것(히아신스는 아주 집요함)이나 임상심리학자로서 자격이 없는 것 같다는 자기의심적 사고를 한 것은 정상적이라고 말했다. 나는 이러한 자기의심적 사고를 '도리스 다우트(Doris Doubt)'라고 명명했다. 나는 이러한 자기의심적 사고를 자비로운 태도로 받아들이면서 힘든 경험을 처리하고 좀 더 빨리 전환하게 되었고, 겉으로 볼 때 대처할 수 없는 것처럼 보이던 과제도 성취할 수 있도록 계획을 세우게 되었다. 나는 복잡하고 어려운 상황이나 그로 인해 야기된 문제들에 대해서 늘 생각하기보다는 전환의 일환으로 내가 즐길 것을 즐겼다. 그렇게 함으로써 문제도 더 많이 경험했고, 그 문제들이 논문에 방해가 될까 봐 걱정도 되었다.

수련이 마무리되는 시점에서, 나는 논문 재제출 때문에 건강간호전문위원회(Health and Care Professions Council: HCPC)에 지원하지 못해서 그 직을 맡을 수 없었다. 그러나 고용주와의 논의를 통해서 6개월 비상임 계약직으로 일하게 되었다. 나는 이 기간에 일을 즐기려고 했다. 일주일에 4일을 일했는데, 그 일이 쉬운 일은 아니었다. 그리고 나는 여행도 다녔다. 내 논문 작업에 속도 조절이 필요하다고 느꼈으며, 일과 논문 작업을 꾸준하게 병행했다. 그래서 일주일에 2일 정도 논문 마무리 작업을 해 나갔다. 그렇게 빨리 6개월이 지나가다니 놀라웠다.

논문이 진전되면서 계약 기간도 끝나 갔다. 불행하게도, 나는 재계약이 되지 않아서 실직 상태가 되었다. 그래서 자연스럽게 자기비판적 사고와 염려가 올라왔다. 즉, 자기비판적 사고와 염려는 '이런 사태가 올 것을 미리 알아차렸어야 했어.' '또 다른 일자리를 찾아야 해.' '어떻게 논문 비용을 충당하지?'(도리스 다우트와 히아신스 부케가 다시 돌아왔다)와 같은 것이었다. 그러나 놀랍게도 나는 이런 비관적인 생각에 오래 사로잡히지 않았다. 나는 이러한 생각을 인식하고 이러한 비관적인 생각이 이해할 만하다고 나 자신에게 말해 주면서 자기비판적 사고를 줄여 나갔다. 나는 '일어날 것이 일어난다면 내가 할 수 있는 것은 최선을 다하는 것이다.'라고 생각했다. 나는 일을 찾고 논문에 시간을 할애할 계획을 착수했다(비록 그 당시에는 그렇게 느끼지 못했더라도). 나는 집을 떠나 친구의 농장 일을 도우면서 정말 즐겁게 지내기도 했다. 한 달쯤 후에는 마음챙김 전문가, NHS 신탁의 두 군데에 스태프 수련자로 취직했다. 이 일이 현재 나의 직업이며, 나는 이 일을 아주 즐긴다. 나는 어제 내 논문이 통과되었다는 소식을 접했다. 나는 여전히 논문 통과가 사실인지 믿기지가 않는다. 분명히 오탈자가 있을 것이다(히아신스가 또 왔다. 하하).

글을 마무리하며

살면서 때때로 우리에게 어려운 일들도 일어난다는 사실을 전하고 싶다. 우리는 종종 실패하며, 실패는 우리 삶의 일부분이다. 실패해도 괜찮은 것은 우리가 그 당시 최선을 다했느냐에 달려 있다. 우리는 이러한 실패에 자기자비를 가져올 수 있다. 그리고 실패는 우리의 본질을 반영해 주는 것이 아니라 인생 여정의 사건이라는 것을 인정할 수 있다. 이러한 인생 여정의 사건은 우리로 하여금 회복탄력성을 더 가지게 하며, 우리와 작업하는 내담자의 어려움에 대해서 더 공유할 수 있게 한다. 우리는 실제로 우리를 힘들게 하는 사고와 정서(슬픔, 화, 울기, 자기비난)에 대해서 괜찮다는 것을 시범 보일 수 있다. 우리는 이러한 힘든 정서를 타인에게나 자신에게 숨겨서는 안 된다. 우리는 이러한 힘든 정서를 삶의 일부로 경험할 수 있다. 삶은 풍부하고 다양하며, 삶은 무언가를 위한 것 그리고 어떻게 되는 것이기보다는 이 순간 진실로 살아 내는 것이다. 이는 우리가 미래를 위한 계획을 세우지 않거나 향상을 위해 고군분투하지 않는다는 의미는 아니다. 우리가 인생 여정에서 우리 자신을 인식하면서 산다는 것이다. 우리는 부정적인 생각과 느낌을 수용하며, 인생 여정의 많은 부분이 우리가 생각한 만큼 나쁘지 않고 사실은 즐겁다는 것을 인정하게 된다.

다음으로 일상생활에서 여러분이 자기자비를 시작할 수 있도록 활동지들을 제공한다. 이 활동지들을 자비에 기반한 관점과 자기친절을 실천할 수 있는 실제 팁과 지침으로 활용하기를 바란다.

참고문헌

Bateman, A., & Fonagy, P. (2006). *Mentalization-based Treatment for Borderline Personality Disorder*. Oxford: Oxford University Press.

Gilbert, P. (2009). *The Compassionate Mind: A New Approach to Life's Challenges*. Oakland, CA: New Harbinger Publications.

Williams, M., & Penman, D. (2012). *Mindfulness: A Practical Guide to Finding Peace in a Frantic World*. New York: Rodale.

자비 활동지 1-자기친절

멈추고 호흡하기	
어떤 상황인가?	
나는 약 30명 앞에서 연구 발표를 할 상황이다.	
어떤 느낌인가?	
신체적	가슴, 팔, 다리, 목과 등에 긴장이 느껴짐, 구역질 남
정서적	불안, 두려움이 느껴짐
마음 상태	지속적인 자기비난과 의심적 사고(히아신스와 도리스 다우트)

만약 좋아하는 친구가 여러분과 같은 이러한 생각, 정서, 신체적 느낌을 받는다면, 여러분은 친구에게 어떤 말을 해 주겠는가?

"불안하고 두려운 것은 괜찮고 이해할 만해."
"네가 늘 이런 식으로 느끼는 것은 아니야."
"내가 필요하다면 여기 너와 함께 있을게."
"지금이 정말 중요하다는 것을 알아. 하지만 실수한다고 해서 세상이 끝나는 것은 아니야."

자비 활동지 2-사고패턴

우리의 두뇌는 정보를 처리하는 데 있어서 언제나 가장 효율적인 길을 찾는다. 효율적인 정보처리는 주로 도움을 주지만 종종 방해가 되기도 한다. 패턴을 인식하는 것은 도움이 될 수 있다. 다음의 표에 제시한 일반적인 사고패턴과 상황은 도움이 될 수도 있고 도움이 되지 않을 수도 있다. 여러분은 다양한 이름을 가진 이러한 패턴을 볼 수 있다.

유형	설명	도움이 될 수 있는 상황	방해가 되는 상황	가능한 대안
이분법적 사고/ 범주적 사고	중간이 없고 극단적인 면만 있음, 의사소통할 때 사용됨	생산 라인에서 일하면서 불량품을 결정할 때, 야생동물로부터 도망치려 하면서 나무로 올라가야 할지 또는 강가로 뛰어들어야 할지 결정할 때	진로 변경에 대해 결정할 때, 타인의 행동을 평가할 때	회색의 그늘은? 양극단 사이에 다른 선택은 있는가?
파국화	최악의 일이 일어날 거라고 사고함	안전 유지 및 위험도를 평가할 때	휴가 시, 잘못될 거라고 생각하면 즐길 수 없음	위험에 대한 실제적 평가를 토대로 안전한지 결정함
정신적 여과 또는 색안경 쓰기	오직 한 정보만 인지/한 유형, 종종 부정적 측면만 감지	질을 조절하는 동안 결함에 주목함	여가 활동 동안 실수한 부분만 주목함	순간의 경험, 마음챙김 연습에 집중하기
독심술	다른 사람의 사고를 알고 있다고 생각함	사회적 상황에서 타인의 사고를 경미하게 추측하는 것이 도움이 될 수 있음	타인의 행동을 통하여 그들의 특정 사고를 가정함	타인에게 그들의 의견을 물어봄
과일반화	작은 사건을 토대로 가정을 설정함	뱀 옆에 있다가 두 번 뱀에 물린 경험이 있다면 뱀 옆에 있을 때 물릴 거라고 가정함	런던에서 만난 두 사람이 무례하여 모든 런던 사람이 무례하다고 가정함	다른 가능성에 대한 여지 두기

자비 활동지 3-자비 실천하기

경험	사고	결과
발표하는 것에 대해 불안해할 때, 심박수에 주목하고 호흡하기	'나는 할 수 없어.' '나는 발표를 잘하지 못해.' '나는 망칠 거야.' 활동지 2의 사고패턴에 대해 생각하기 과일반화, 정신적 여과, 파국화, 이분법적 사고	정서: 공포, 공황 신체 감각: 심박수 증가, 신체 긴장, 숨 쉬기 어려움, 얼굴 붉어짐, 떨림 행동: 마비, 말이 빨라짐, 실수
	대안적 사고하기	대안적 사고의 가능한 결과
	'완벽할 필요 없어. 불안해지더라도 그만하면 발표 잘해 왔어.' '불안해도 괜찮아. 실수해도 세상이 끝나는 것은 아니야.'	정서: 불안 신체 감각: 좀 더 이완됨 행동: 언어가 좀 더 명확해지고 말 속도가 좀 느려짐, 실수하더라도 생각하고 언어로 전달 가능함

제3장

서로 다른 문화에 따른 자비

• • • • • •

캐롤라인 와이어트(Caroline Wyatt) 박사, 올리비아 워드햄(Olivia Wadham) 박사,
에이미 디사(Amy D'Sa) 박사, 은두마네네 데블린 실롱궤(Ndumanene Devlin Silungwe)
우모자 신탁(The Umoza Trust)

　　이 장의 저자들은 영국의 자선단체인 우모자 신탁(Umoza Trust)
의 관리자이다. 캐롤라인 와이어트 박사, 올리비아 워드햄 박사,
에이미 디사 박사 모두 랭커스터 대학교에서 수련받은 임상심리
학자이다. 그들은 수련 기간 동안 문화 간 협력의 중요성과 가치에
대해서 인정했다. 그들은 수련 마지막 해에는 동아프리카(말라위
와 우간다)에 혁신적인 전문가로 배치되었다. 동아프리카에서의 그
들의 경험은 그들로 하여금 정신건강에 대한 서양적 이해에 대해
성찰할 시간을 주었고, 특히 이 장에서는 정신건강 맥락 내에서의
자비에 대해 성찰할 것이다. 현재 이 세 저자는 영국의 임상 현장
(NHS와 개인 센터)에서 일하고 있고, 공유된 경험과 학습의 중요성

을 인식하였다. 그들의 공유된 관심은 정신건강에 대한 심리적 이
해를 증진하는 것이었다. 이러한 정신은 그들의 자선활동과 임상
실무에 토대가 된다.

현재 우모자 신탁은 말라위에서 성 요한 서비스(St. John of God
Services)와 함께 프로젝트를 발달시키는 데 주안점을 두고 있으며,
2016년 3월에 '각 문화에서의 자비의 의미는 무엇인가?'라는 질문
을 제기하였다. 이 질문의 답을 찾는 과정에서 우리는 그 답을 정확
하게 할 수 없음을 알게 되었다. 우리는 말라위에 있는 동안 자비로
이해될 수 있는 수많은 실례를 접해 왔지만, 우리와 다른 삶을 살고
있는 사람들이 언급하는 자비에 대해서 말할 위치는 아니었다.

우리는 이 장의 공동 저자인 말라위 출신의 심리학자 은두마네
네 데블린 실룽궤를 초대했다. 데블린은 성 요한 서비스의 임상심
리학자로, 임상 평가, 개인 및 집단 치료 프로그램을 고안한다. 또
한 데블린은 성 요한 대학의 건강과학부에서 심리학과 인간발달
과목을 가르치며, 심리사회적 상담 수퍼바이저이다. 그는 만성적
인 신체 · 정신건강 문제, 아동 방임 및 학대에 대한 대처, 긍정적
양육 기술의 향상에 관심이 있다.

우리는 데블린과 함께 이 장을 쓰면서, 우리가 가졌던 자비의 개
념과 경험이 말라위 문화에서의 자비의 개념 및 경험과 어떤 부분
에서 유사하고 어떤 부분에서 다른지 발견하기를 기대했다. 그리
고 자비에 대해서 하나의 이야기로 결합하기보다는 온전히 다양한
관점을 나타내기를 원했다. 따라서 우리는 저자들 사이에 나누었
던 대화, 공유된 경험, 이메일 의사소통에서 반영된 주제를 이 장에
서 요약하기로 결정했다. 우리는 각 주제를 묘사하는 데 예들을 활
용한다. 우리는 진지하게, 겸손하게 대화에 참여하면서 정서적 경

험을 했다.

　다음에서는 우리가 어떻게 자비에 참여하는지, 어떻게 자비가 우리로 하여금 개인적 · 전문가적으로 도전하게 하는지를 다룰 것이다. 특히 자비의 의미와 개념을 문화 내에서 그리고 문화들 간에 어떻게 연결시키는지 탐색하고자 한다.

'전적인 몰입'과 공동체 정신의 개념

　말라위 문화에서의 자비의 정의를 탐색했을 때, 말라위에서의 자비는 타인에게 자비를 제공하는 사람이 '전적인 몰입'이라는 강렬한 경험을 한다는 사실이 명백히 드러났다.

　데블린: 당신은 자비를 사별을 겪는 동안 또는 중증의 병을 앓는
　　동안 표현되는 것으로 보는 것 같아요. 이런 유형의 괴로움
　　을 겪는 상황에서, 당신은 괴로움에 더 가까이 접촉할 수 있
　　다고 말하는 것 같아요. 그래서 괴로움에 접촉할 수 있는 방
　　법으로 자비를 보는 것 같고요. 누군가의 느낌에 몰입하기
　　를 원하거나 누군가가 경험하는 그 어떤 것에 몰입하는 것
　　이지요. 마치 특정 경험을 실제로 하는 것처럼 느끼기를 원
　　하는 거예요. 그리고 아마도 그러한 괴로움으로부터 벗어나
　　기를 원하지요.
　우모자 신탁 관리자: 영국에서는 자비를 우리 자신과 타인의 괴
　　로움을 자각하고 이러한 괴로움을 완화하려고 전념하는 것
　　으로 정의해요(Gilbert, 2010). 말라위에서도 그 괴로움을

낮추는 것을 강조하는 거지요.

데블린: 저에게 자비는 전적으로 몰입하는 것으로, 타인의 괴로
움의 한 부분이 되어 가는 겁니다. 그리고 가능하다면 당신
도 이러한 경험을 실제로 하기를 바랍니다. 질문을 해 보지
요. "왜 당신은 타인의 괴로움을 느껴야 하나요? 당신에게
이러한 경험이 필요한가요?" 저는 타인의 괴로움에 대한 자
비가 그냥 우연히 일어나는 경험과는 다르다고 생각합니다.
자비는 의식적 자각에서 경험하는 것 같아요. 물론 타인의
괴로움에 전적으로 몰입하는 것은 어렵습니다. 당신은 타인
의 괴로움에 대해 알 수는 있지만 자각하지는 못할 수 있어
요. 심지어 문제가 아니라고 당신 자신을 위로함으로써 괴
로움을 축소할 수도 있어요.

이러한 상호작용은 자신의 경험을 진정으로 나눔으로써 타인에
대한 자비의 강렬하고도 압도적인 본질을 담아낸다. 타인의 '괴로
움에 접촉'할 수 있다는 것은 타인의 괴로움에 가까이 가는 경험으
로, 하나의 강점이 될 수 있다. 덧붙이자면, 타인의 '괴로움에 접촉'
한다는 것은 타인의 괴로움을 감소시켜 주기 위해서 자신의 행복
을 기꺼이 희생한다는 것으로 이해할 수 있다.

또한 데블린은 '우리'라는 언어를 사용하여 타인과의 괴로움에
대한 공유 개념을 표현했다. 즉, 자비에 대해 이야기할 때 다음 대
화를 보면 알 수 있듯이 '우리'라는 복수대명사를 종종 사용했다.

우모자 신탁 관리자: 당신은 자비 경험에 대해 이야기할 때 '우리'
라는 단어를 사용하더군요. 이는 말라위에서의 집단 경험의

일환으로 볼 수 있을까요?

데블린: 당신도 아시다시피, 말라위에서 '우리'는 집단심리입
니다. 한 사람의 괴로움은 언제나 모든 사람의 괴로움이지
요. 특히 괴로움의 주제에 관해서는 실제로 관계 작업을 통
해 치유합니다. 이는 우리의 토대라고 할 수 있는데요. 우리
는 내 욕구를 우선적으로 생각하지 않고 주로 언제나 '우리'
의 욕구를 중요시하면서 자라 왔어요. 저는 애도에 대한 자
비 경험이 있어요. 당신은 어느 지점에서 타인이 경험한 상
실감을 느낄 수 있나요? 거의 대부분은 단순히 그 사람을 위
해서가 아니라 자신을 위해서 슬픔이 분출되곤 하지요. 이
런 경우, 그 상황에 대한 애착을 가질 수 있어요. 저는 지지
받는다고 느끼는 사람에게 위안을 준다고 확신해요. 누군가
가 외롭지 않다고 느낀다면 당신 또한 그들과 함께 있다고
느끼게 될 거예요. 상대방이 느끼는 만큼 당신 역시 느끼게
되지요. 상대방에게서 쏟아져 나오는 슬픔, 울음 등이 당신
과 공유되어 당신도 함께 느끼는 것이죠.

이러한 집단 문화에 대한 기술과 '우리의 욕구'에 대한 논의는 말
라위의 공동체 정신(Ubuntu)의 개념을 상기시켜 준다. 공동체 정신
은 아프리카 문화에 영향을 미쳤다. 아프리카 문화에서 공동체 정
신은 "정의와 상호 돌봄을 가진 공동체를 수립하고 유지하기 위한
자비, 호혜주의, 품위, 조화와 인간애를 표현하는 능력"으로 여겨
진다(Nussbaum, 2003, p. 2). 궁극적으로 공동체 정신은 "나의 고통
은 당신의 고통, 나의 자산은 당신의 자산, 당신의 구원은 나의 구
원"이라는 하나의 철학이다(Nussbaum, 2003, p. 2). 괴로움 또는 고

통을 경험하고 있는 사람들의 경우, 이러한 상호연결성을 통한 경험의 공유는 강렬한 체험이 된다. 왜냐하면 공동체 정신은 강한 연대의식, 소속감, 연결성을 증진시켜 주기 때문이다. 우모자 신탁의 관리자로서 우리는 말라위 문화에서 공동체 정신을 경험했다. 우리는 정신건강병원에 입원 중인 어떤 내담자와의 따뜻한 추억을 간직하고 있다. 그녀는 '당신이기에 내가 있고, 나이기에 당신이 있다.'라는 가사가 담긴 노래를 우리에게 불러 주었다. 또 다른 내담자는 우리의 손을 잡고 '우리는 다른 피부색을 가졌지만 같은 사람'이라는 신념을 나누어 주었다.

이러한 사회적 철학은 영국에서 우리가 경험했던 개인주의 문화와 대조를 이루었다. 즉, 영국에서는 개인적 성취와 성공이 집단 또는 집단적 노력보다 우위에 있는 가치이다. 자비에 기반한 '세 가지 체계 모델[three systems model; 폴 길버트(Paul Gilbert)의 간행물 참조]'을 가지고 고려해 본다면, 서양 문화는 경쟁적 문화를 창출하여 '위협'과 '추동' 체계를 지속적으로 부추기고 우리 '위로'체계가 지닌 관계연결성 측면의 가치를 축소한다. 말라위의 집단 문화의 경우, 타인과의 관계연결성을 통한 자비 접근을 내재적인 자연스러운 과정으로 여긴다. 데블린과 논의하는 동안, 데블린은 이러한 아이디어와 자비 능력이 어떻게 발달하는지에 관한 그의 생각을 탐색했다.

> 데블린: 저는 자비가 타고난 적응적인 인간의 정서라고 봅니다. 자비는 삶의 아주 초기에 내적으로 그리고 대인관계에서 발달해 나간다고 믿어요. 어떤 이는 무생물 세상에서도 자비를 느낄 수 있다고 하지만, 자비는 살아 있는 인간의 삶에서

진실로 표현되지요. 이는 제가 당신에게 마치 "저는 전에 누
군가로부터 자비를 받은 경험이 있어요. 사람들은 내가 필
요할 때 나에게 자비를 주어요."라고 말하는 것 같지요. 당
신도 누군가에게 받은 자비를 타인에게 되돌려주려고 노력
할 거예요. 저는 평범한 사람의 경우, 자비는 호혜적인 조율
된 방식으로 초기 모자관계에서 자연적으로 시작된다고 믿
어요. 자비는 유도될 수도 있어요. 하지만 자비는 자연적으
로 경험되는 거랍니다.

여기서 데블린은 개인의 자비 표현 능력은 이전에 타인으로부터
받은 자비 경험에 달려 있다고 기술한다. 그리고 데블린은 자비의
선천적 관계의 측면, 즉 상호호혜적인 본질을 강조한다. 이러한 아
이디어는 양육자와의 초기 경험이 타인과의 관계를 맺는 데 본보
기(예: 타인과 자신에게 자비를 표현하는 방식 포함)가 된다는 점에서
애착이론(Bowlby, 1969)을 상기시킨다. 임상 장면에서 우리는 종종
내담자가 양육자로부터 받는 초기 메시지를 알게 되는데, 이는 자
기자비의 방해물로 관찰된다. 예를 들어, 어릴 때 고통스러운 정서
를 표현하는 것에 대해 부모가 부정적인 판단을 하게 되면, 후에 고
통을 경험할 때 죄책감 또는 수치심을 느낄 수 있다. 말라위 문화에
서는 돌봄이 종종 확대가족 그리고 더 넓은 공동체에 의해 제공되
며, 자비를 어떻게 보는지에 관한 공동체 인식이 발달되어 왔다. 데
블린은 이러한 자비 표현의 규준에서 벗어나 자비를 표현하는 사
람은 자비가 결여되어 있는 것으로 간주된다고 언급했다.

데블린: 저는 우리 모두가 자비로운 사람이라고 확신해요. 우리
　가 실제로 자비를 표현할 수 있는 정도는 다를 수 있어요. 저
　는 자비가 인간의 진화적 특징이라고 믿어요. 하지만 좀 더
　자비로운 사람이 있는가 하면, 좀 덜 자비로운 사람이 있다
　고 가정할 수 있지요. 자비를 연속선상의 개념으로 보고 0에
　서 시작해서 최대의 수치로 수량화할 수는 없어요. 단지 자
　비를 표현하는 방식이 다를 뿐이지요.

　이 말은 모든 사람은 인간이기에 어떤 형태로든 자비를 실천할
수 있다는 의미이다. 그러나 아마도 자비는 타인으로부터 받은 자
비 경험에 따라 다양한 방식으로 표현될 수 있을 것이다.

자기자비

　자비에 대해 논의할 때 타인에게 주는 자비와 타인으로부터 받는
자비를 강조해 왔다. 그러나 자기를 향한 자비는 덜 강조해 왔다.
우리는 데블린과 함께 말라위 문화에서 자기자비(self-compassion)
가 어떻게 이해되고 있는지에 대해 논의했다.

　우모자 신탁 관리자: 영국에서는 사람들이 타인에게 자비를 표
　현하는 데 능숙하지만 자신을 향한 자비에는 여전히 고군분
　투하고 있어요. 말라위에서도 그렇나요?
　데블린: 네. 사람들은 실제로 자기 자신에게 자비를 실천하는 데
　오랜 시간이 걸리지요. 보통 자기 자신에게 향하는 자비는

너무 어렵고, 언제나 타인의 괴로움에 대해 자비를 실천하
지요. 즉, 자신의 괴로움에 대해서는 자비로운 마음을 가지
고 있지 않아 보여요. 타인이 생존에 위협이 될 만한 압박감
에 시달리고 있다면, 우리는 자연적으로 타인에 대해 자비
로운 마음을 가지게 됩니다. 그러나 당신은 자비를 너무 외
재화하기 때문에 실제로 당신 자신에게 향하는 자비는 모를
거예요. 자기자비는 거의 우리가 인식하지 못한 채 일어나
지요. 자비는 주로 외부적으로, 타인을 향해 표현되지만요.

　여기서 데블린은 타인을 향한 자비가 자연스러운 진화적 욕구,
아마도 우리의 생존에 결정적인 관계연결성과 사회적 관계를 촉진
시키는 체계의 일부로 발달된다고 개념화한다. 이와는 대조적으
로, 자기자비는 정의 내리기가 더 어렵고, 보이지 않는 또는 무의식
적인 과정이라고 고려한다. 자기를 향한 자비로운 마음을 가지는
것이 이기적이고 자기탐닉으로 종종 간주되는 것은 영국과 말라위
문화에서 비슷하다. 영국의 경우, 사람들은 피상적 수준에서 자기
자비를 생각하는 것을 격려받는다(예: '우리는 아름다운 물건을 살 만
한 가치가 있는 사람이야'). 하지만 우리는 자신을 향하여 진심 어린
자비를 가지도록 늘 격려되는 것은 아니다. 그러나 데블린이 묘사
한 자기자비는 거의 무의식적 과정인 데 반해, 영국에서는 사람들
의 자기자비 과정이 더 의식적인 결정으로 간주될 수 있다.

자비를 실천하는 데 있어서의 부담

데블린은 타인을 향한 자비가 종종 행동을 통해 너무 겉으로 표현된다고 설명했다. 예를 들어, 타인을 마음속으로 안아 주고 있다는 사실을 보여 주기 위해서 그들에게 찾아가고 전화를 하는 것이다. 왜냐하면 타인과 물리적으로 떨어져 있으면 타인과 타인이 처한 상황과 연결되어 있지 않다고 여기기 때문이다. 데블린은 이러한 자비 경험을 탐색하기 시작했다.

> 데블린: 저는 종종 자비를 주는 사람이 압도될 수 있다고 믿어요. 자비를 받고 있는 개인은 때때로 그들이 괴로워하고 있는 순간, 함께하고 있는 사람에게 의지하게 되지요. 이러한 상황에서 자비를 제공하는 사람들은 부담을 느낄 수 있어요.
>
> 우모자 신탁 관리자: 그래서 자비를 받는 개인은 자신이 타인에게 부담을 주는 것은 아닌지 걱정할 수 있지요.
>
> 데블린: 네, 맞아요. 저는 괴로움을 느끼고 있는 개인이 상처를 입지만, 그러한 개인에게 자비를 품는 개인도 고통을 느낀다고 봐요. 양방향인 것 같아요. 당신은 타인의 고통을 함께하면서 그들이 되어 갑니다. 당신은 그들이 고통을 어떻게 느끼는지 알아요. 만약 그들이 느끼는 대로 느낀다면, 고통이 얼마나 끔찍한지 인식할 수 있어요. 제가 말하는 몰입은 거울에 비친 것처럼 소통되는 것이지요. 이러한 자비는 상호관계적이기 때문에 괴로움을 겪는 사람이 느끼는 공포, 충격, 억누름, 두려운 정서는 자비를 제공하는 사람들에게

압박감으로 와닿을 수 있어요.

타인의 괴로움을 공감하는 동안, 이러한 공감은 상대방에게 반사된다. 따라서 괴로움을 겪는 개인은 자신의 괴로움을 공유하는 타인에게 정서적 부담을 주는 것은 아닌지 염려할 수 있다. 영국에서 돌봄을 주는 개인의 부담감에 관한 문헌들은 주로 주 양육자를 포함하는 가정에서의 돌봄 상황에 관한 내용을 담고 있다(예: Etters, Goodall, & Harrison, 2008). 말라위의 집단적 문화에서는 아마도 '돌봄을 주는 자'의 네트워크가 더 넓게 형성되어 있을 것이며, 돌봄을 주는 자의 부담이 더 광범위할 것이다. 이러한 현상의 단점은 괴로움을 겪는 사람에 대해 여러 형태의 부담을 지고 있는 사람들이 많다는 점이며, 장점은 이러한 부담을 여러 사람이 나누어서 지기 때문에 좀 더 다룰 수 있는 정도가 된다는 점이다. 그러나 타인에게 주어지는 자비에 대한 부담은 말라위 문화에서 더 명백하다. 왜냐하면 말라위 문화에서는 집단주의 또는 공동체 정신 철학의 일부로서 자비를 기대하기 때문이다.

데블린: 자비를 어떤 방식으로 표현하거나 보여 주는지에 대한 타인의 기대가 있어요. 당신은 자신이 자비로운 사람이거나 다른 사람들이 기대한 만큼 자비로운 사람이 아니라고 여길 수 있지요. 아마도 당신이 아주 친한 사람들을 찾아 주지 않았을 때, 그 친구들은 당신이 자신에게 관심이 없다고 생각할 수 있어요. 짐작건대, 그들은 당신이 자비로운 사람이 아니라고 결론 내릴 거예요. 그런데 실제로 당신은 자비로운 사람이지만, 단지 그들로 하여금 당신의 자비를 알아차릴 수 있도록

표현을 안 했을 뿐이지요. 그러나 타인이 당신이 품은 자비를 알 수 없거나 그들이 기대하는 방식대로 당신이 자비를 표현하지 않는다면, 그들은 관계에서 좋지 않은 방향으로 다른 해석을 할 가능성이 있어요.

이 부분은 말라위 문화에서 행동을 통한 자비에 대해 명확한 기대를 하고 있음을 조명해 주고 있다. 자비를 행동으로 보여 주는 것은 돌봄을 주는 자에게 압박감을 줄 수 있다. 자비를 행동으로 보여 주지 않는다면, 타인들은 관계가 단절되었다거나 공동체에서 돌봄을 받지 못한다고 치부해 버릴 수도 있다.

공감피로와 자비 실천의 장해물

또한 데블린은 사람들이 타인에 대해 자비로운 마음을 가지려고 너무 고군분투하는 것을 '부정적인 자비(negative compassion)'라고 기술했다.

데블린: 자비는 타인의 상황에 너무 압도되거나 화가 날 때 일어나지 않을 수 있어요. 대신에, 이런 상황에서는 거리를 두거나, 물러나 있거나, 오히려 감정을 부인할 수 있어요. 자기에 대한 부정적인 정서까지 올라오면 역기능을 초래할 수 있는데, 이는 부정적인 자비의 지표가 됩니다.

이 부분은 공감피로(compassion fatigue) 개념을 반영한다. 영국

에서는 이러한 공감피로 경험이 점차적으로 알려지고 논의되고 있
다(예: Newell & MacNeil, 2010). 간단히 말하자면, 공감을 통하여 경
험되는 스트레스나 고통의 수준에 압도되었기 때문에 타인에게 자
비를 표현하는 능력은 오히려 감소한다. 말라위에 있는 동안, 우리
는 극도의 정서적 고통을 호소하는 내담자를 회피하거나 주의를
딴 데로 돌렸으며, 스태프들 또한 이러한 내담자를 적극적으로 경
청하고 위로할 기회를 줄여 나갔다. 이에 반해 영국에서는 전문가
로서 내담자와 함께 앉아 이러한 불편한 감정들을 마주하고자 고
군분투했을 것이다.

데블린은 자비 실천을 더 어렵게 하는 중요 장해물을 언급했는
데, 이는 바로 공감피로를 초래할 수 있는 상황들이다. 이러한 자비
실천의 장해물은 '자비를 표현할 대상이 당신에게 상처를 줄 수 있
는 사람인 경우' 또는 '마약 밀매자, 강간범, 살인수감자, 사형선고
를 받은 자와 같이 사회적 정의 또는 인권 관련 문제를 지닌 경우'
를 포함한다. 이런 문제들은 우리로 하여금 거리를 두게 하고 그들
의 상황에 대해 공감하기를 더 어렵게 한다.

자비 실천의 너 강도 높은 장해물은 말라위 문화에서의 정신건
강에 관한 다양한 신념과 관련이 있다. 개인의 정신건강 문제를 일
반적으로 약물 또는 알코올 남용 탓으로 여긴다.

> 데블린: 말라위에서는 강한 신념이 있어요. 많은 정신질환이 주
> 로 남자에게서 발병되며, 그 원인이 약물 남용이라고 믿는
> 거예요. 그리고 이러한 사람들은 발병 전에 위험 행동이 나
> 타난다고 믿어요. 돌봄을 주는 사람과 공동체가 이러한 환
> 자의 나쁜 습관을 다룰 때, 자비의 실천은 감소하지요. 가족

은 환자의 약물 남용에 대해서 모르기 때문에 자비를 표현
하기도 어려워요.

말라위에 있는 동안, 우리는 이러한 양상을 경험했다. 환자가 어
떠한 약물 남용에 대해서 개방할 때 정신건강 문제의 주요 원인이
종종 약물 남용이라고 보며 이전의 트라우마적 내력에 관해서는
주의를 거의 기울이지 않았다. 즉, 환자가 왜 약물이나 알코올을 남
용하게 되었는지 그 이유에 대해서는 거의 탐색하지 않았다. 우리
는 이러한 개인들이 약물 남용 이외에 더 중대한 문제에 대한 대처
기제로 약물이나 알코올을 남용하는 것은 아닌지 의문을 가졌다.
말라위에서는 물질 남용의 이면을 보기보다는 물질 남용을 정신건
강 문제의 주요 원인으로 보며, 하나의 삶의 선택으로 간주하는 경
향이 있었다. 따라서 이러한 관점으로 인해 약물 남용자는 타인으
로부터의 자비를 받기 어려운 것이다.

말라위 문화에서 정신건강에 관한 또 다른 공통적인 신념은 마
법이다. 말라위 문화에서는 영적 신념을 토대로 정신건강 문제(개
인의 이상 행동)를 마법에 의한 것으로 본다. 즉, 개인이 저주를 받
아서 정신건강 문제를 겪는다는 것이다. 그래서 불행히도 정신건
강 문제를 겪는 개인은 낙인이 찍히거나 추방당하게 되는데, 이들
을 위한 영적 의식을 통해서 저주를 제거하는 시도가 이루어진다.
이러한 관행이 문화적으로 받아들여지지만, 이 영적 의식을 받은
사람들은 이 의식 자체가 트라우마 경험이 될 수 있다고 언급한다.
고통의 근원과 고통에 기여하는 것을 이해해야 자비를 표현할 수
있다. 심리치료의 일부로서, 우리는 내담자와 작업하는 데 있어서
심리적 사례개념화를 주요 구성요인으로 간주하는데, 이는 내담자

에 대해 잘 듣고 느끼고 지원하기 위함이다. 말라위나 영국에서 공통적으로 내담자에 대한 이해 결여는 정신건강 문제의 오명을 유지하게 하여 내담자에 대한 자비 실천을 방해한다.

데블린은 정신건강 문제를 마법으로 이해하다 보면, 환자와 가까이 있는 사람은 저주를 건 가해자에 대한 분노를 표현하면서 환자에 대한 자비가 증가할 수 있다고 본다. 그러나 데블린은 이런 상황에서는 환자와 가까이 있는 사람이 환자에 대한 더 큰 '정서적 부담'을 가지게 되는 것도 인정했다. 말라위 문화에서는 '환자'라는 개념을 다소 비인간적인 것으로 간주한다. 이는 대부분의 말라위 사람에게는 이들이 보이는 행동이 익숙하지 않다는 것을 반영한다. 따라서 말라위 사람들은 이들이 익숙하지 않고 불안한 행동을 드러낸다고 여기기 때문에 이들을 향한 자비로운 마음을 품기를 어려워한다.

개인적 자비와 전문가적 자비 간의 분리

정신건강 문제를 가진 개인과 작업을 하는 전문가로서 우리는 그들이 보이는 일상 행동에 익숙하다. 그러나 데블린은 자비에 기반한 접근이 전문가적 장면과 개인적 삶에서 어떻게 다른지 언급하고 있다.

데블린: 당신은 자비로운 마음을 유지하면서 피하지 않고 진실로 존재할 거예요. 저는 개인적 자비 표현과 전문가적 자비 표현을 구분할 수 있다고 봅니다. 개인적 삶에서 자비는 전

적인 몰입이고, 타인의 괴로움의 일부가 되어 가고, 타인의
괴로움이 제거되기를 바랍니다. 이는 당신이 말하고 싶은
치료적 경험, 즉 누군가의 고통과 괴로움을 취하고 가지는
것을 허용하지 않는 치료적 경험과는 다르지요.

우모자 신탁 관리자: 자비는 당신의 개인적 삶과 일에서 다르게
표현될 수 있나요?

데블린: 임상수련은 저의 자비 표현을 변화시키는 데 많은 도움
이 되었어요. 저는 자비와 공감의 차이점을 알게 되었어요.
때때로 둘을 구별하는 것이 어렵지만요. 당신이 알다시피,
누군가와 함께 느끼는 것부터 시작하는 거지요.

전문가적 장면에서의 공감 표현과 개인적 삶에서의 자비 표현으
로 구별하는 것은 흥미롭다. 그리고 임상수련을 통하여 치료적 본
질을 향상시키기 위해 자연적인 자비로운 반응을 '변화'시켰다는
점도 흥미롭다. 누군가의 괴로움을 제거하고자 하는 바람을 가진
자비는 덜 치료적인 것으로 고려되는 것 같다. 이는 타인을 '구원'
하고자 하는 열렬한 바람을 가진 '구원자' 역동이 어떻게 작용하는
지 아는 것이다. 이러한 치료관계에 대한 이해는 영국의 관점과 유
사하다. 즉, 치료관계는 내담자와 치료자 간의 관계연결성과 협력
을 격려하면서 궁극적으로 내담자가 자신의 어려움에 대한 해결책
을 찾도록 힘을 북돋아 주는 것이다. 자비와 공감의 차이점은 다음
에서 탐색된다.

데블린: 만약 제가 일에서 떠나서 계속 생각하게 된다면, 자비의
영역으로 들어가서 공감은 그만둘 거예요. 일에서의 공감은

좋아요. "저는 당신이 어떠한지, 우리가 어떻게 경험하는지 느끼죠." 그리고 "당신께 감사해요. 공감은 일하면서 발현되지요."라고 말하는 거예요. 자비와 공감의 차이는 언제나 모호해요. 제가 믿기에는, 우리는 인간이기에 자비로운 마음이 있어요. 특히 제가 가까운 사람과 작업할 때 자비를 실천하지요. 자비는 계속 일어나요. 즉, 자비는 당신이 친한 사람과 있을 때 전적으로 계속되지요. 제 생각에 자비는 전문가로서 일하는 상황에서 격려되는 어떤 것은 아닌 것 같아요. 자비는 가족이나 신념의 영역에서 유지되며, 나와 친족들과 관련되지요. 전문가로서 나에게는 내담자의 감정에서 거리를 두고 "내가 필요한 것을 했어. 그게 다야."와 같이 말할 수 있는 게 필요했어요. 특히 일상관계가 아닌 치료 상황에서 상처나 고통을 주는 이야기나 상황은 의사-환자 관계 또는 내담자-치료자 관계에서 매일 일어나기 때문이지요.

전문적 공감의 경우, '거리 두기(disengagement)' 수준은 내담자-치료자 관계에서 중요하다고 제안한다. 이는 치료자에게 있을 수 있는 정서적 부담을 줄여 주는 것으로 마치 보호기제처럼 작용한다. 데블린은 개인적 삶과 전문가로서의 삶에서의 자비 경험의 차이를 강조하는 듯하다. 우리는 서양 사상이 데블린으로 하여금 이런 생각을 하게 하는지 궁금했다. 자비가 영국의 정신건강 서비스의 핵심 가치임에도 불구하고, 자비를 유지하는 것은 전문가로서의 정서적 안녕에 해로울 수 있으며 시간이 지나면서 '소진' 또는 '공감피로'를 초래한다고 인정하기도 한다. '전문가적 공감'의 보호 본질은 다음과 같이 탐색되었다.

데블린: 우리가 성격을 변화시킬 수 없다고 생각해요. 당신은 어
떤 사람에게는 더 자비로운 마음을 가질 수 있어요. 저는 제
가 자비로운 사람이라고 생각해요. 아마도 제가 우리 문화
와 신념의 일원이기 때문이겠지요. 우리는 자비 모델을 토
대로 자라 왔어요. 그런데 전문가로서의 일을 할 때는 내담
자로부터 압도당하지 않게 하는 보호막으로서 공감을 자각
하게 되었어요. 왜냐하면 정신건강 전문가의 일이 내담자의
고통과 괴로움을 보고 들어야 하는 것이기 때문이지요.

공감을 보호막으로 개념화한 점은 주목할 가치가 있다. 즉, 이러
한 보호막은 전문가가 타인의 괴로움에 '전적으로 몰입'하지 않도
록 하기 위해 자비 표현을 의도적으로 막는 것이다. 공감은 임상가
의 구원자 역동을 막고 정서적 부담을 줄이기 위한 치료도구로 사
용된다. 이러한 접근은 자비를 격려하는 영국 서비스와 대조를 이
룬다. 이는 임상가가 공감을 잃지 않고 치료적 관계에서 안전한 거
리를 창출함으로써 공감피로를 막게 한다.

이러한 문화 간 협력은 중요한 상호적 학습의 장이 된다. 우리는
말라위에 있는 동안 누군가와 '함께 느끼는' 자비의 본질을 경험했
다. 즉, 이러한 자비는 관계연결성이고, 함께 있는 것이고, 소속되
어 있다는 느낌을 주었으며, 그 자체가 치유였다. 이는 영국에서 정
신건강 서비스와 사회로부터 받은 강렬하고 경이로운 메시지이기
도 하다. 사람들은 우리의 단어나 행동을 통해서 보이는 자비를 경
험한다. 우리는 전문가로서 우리 자신의 욕구를 받아들이면서, 내
담자들의 과거력에 상관없이 그들에게 진정성 있게 공감과 자비를
표현하는 방식을 찾아야 하는 도전에 직면한다. 이는 우리의 내담

자를 '경험의 전문가'로 여기고 함께 작업한다는 의미이다. 그리고 우리는 내담자가 점차적으로 자기돌봄을 하며 우리도 '그들과 우리'가 아니라 '우리'로 느끼기를 희망한다.

우리는 이 장에서 논의되었던 아프리카의 신념과 가치가 자비에 대한 우리의 이해와 서양 사회에서의 자비의 향상에 기여했다고 믿는다. 우모자 신탁이 지원해 주었듯이 나라 간, 문화 간 상호학습을 지원하는 심도 있는 프로젝트는 문화적으로 민감하고 세계적으로 발달하는 정신건강 서비스 지원에 결정적인 역할을 한다.

참고문헌

Bowlby, J. (1969). *Attachment and Loss: Attachment.* London: Hogarth Press.

Etters, L., Goodall, D., & Harrison, B. E. (2008). Caregiver burden among dementia patient caregivers: A review of the literature. *Journal of the American Academy of Nurse Practitioners, 20*(8), 423-428.

Gilbert, P. (2010). *The Compassionate Mind.* London: Constable.

Newell, J. M., & MacNeil, G. A. (2010). Professional burnout, vicarious trauma, secondary traumatic stress, and compassion fatigue: A review of theoretical terms, risk factors, and preventive methods for clinicians and researchers. *Best Practices in Mental Health, 6*(2), 57-68.

Nussbaum, B. (2003). African culture and Ubuntu: Reflections of a South African in America. *Perspectives, 17*(1), 1-12.

제 **2** 부

자비와 함께 타인을 초대하기

상담자는 공감하는 데 어려움을 겪을 수 있다. 그러나 우리는 전적으로 자비에 기반한 접근을 사용해야 한다. 자비에 기반한 접근은 단순히 부드럽고 따뜻하고 공감적인 것만이 아니다. 자비에 기반한 접근은 책임감을 가지고 적극적으로 나아가고 상황을 향상시킬 의지를 가지는 것이다.

-커스틴 애서턴(Kirsten Atherton)-

아동 · 청소년 정신건강팀(CAMHS)의 자비에 기반한 작업

• • • • • •

커스틴 애서턴(Kirsten Atherton) 박사, 임상심리학자

여러분은 사회의 취약한 사람을 떠올릴 때 아동을 우선적으로 떠올릴 것이다. 어떤 이는 아동 · 청소년의 정신건강에 대해 작업할 때 자비를 실천하는 것이 예상보다 더 도전적인 일일 수 있다는 데 의아해할 수 있다.

> 세상에서 가장 부드러운 것이 세상에서 가장 강한 것을 이겨 낸다.
>
> —노자(Lao Tzu)—

나는 자비를 타인에 대한 접근 또는 태도뿐만 아니라 치료의 한 형태로서 논의할 것이다. 이 장에서 나는 아동 · 청소년 정신건강

팀(Child and Adolescent Mental Health Team: CAMHS)의 치료자로서
아이들을 치료하면서 자비가 어떻게 체계적으로 적용되는지에 대
해 이해한 바를 다룰 것이다.

체계

아동이 속해 있는 체계는 축소되거나 확장될 수 있다. 내가 논의
할 두 가지 체계는 건강관리 서비스와 가족이다.

> 꽃이 피지 않을 때, 당신은 꽃을 변화시키는 것이 아니라 꽃이 자라나
> 는 환경을 변화시켜야 한다.
>
> −알렉산더 덴 헤이저(Alexander Den Heijer)−

아동 서비스

자비에 기반한 접근의 핵심은 아동이 안전감과 안도감을 느끼
고 발달시키도록 하는 데 있다. 아동을 위한 체계에서 가장 우선시
되어야 하고 중요한 것은 아동의 안전을 유지하는 것이다. 우리는
취약한 사람들과 작업할 때 안전을 다차원적 개념으로 인식하도록
수련받는다. 아동은 신체적 · 심리적 · 정서적 측면에서 다양한 방
식으로 위협을 당한다. 아동 · 청소년 정신건강팀은 아동의 내적
인 측면과 외적인 측면에서 안전과 위험에 대해 '아동은 스스로 해
를 끼치는 방식으로 행동하는가?' '아동이 안전한 환경에 있는가?'

와 같은 질문을 하면서 많이 숙고한다. 아동·청소년의 안전과 위험 정도는 아동·청소년과의 임상 작업을 통해서 알 수도 있지만, 그 외에도 위험과 안전에 대한 직접적 사정도 도움이 된다. 매슬로 (Maslow)의 '욕구 위계설(Hierarchy of Needs)'(1943)에 따르면, 치료 장면에서 안전이라는 기본 욕구가 충족되지 않는다면 고차원적인 사고를 하기 어렵다. 만약 아동이 위협적 자극에 노출되어 있다면 안전감을 고양시키는 생각만 하도록 격려하는 것은 적절하지 않을 수 있다.

심지어 우리는 아동을 만나기 전에 의뢰 경로와 개인적 정보를 가지고 사정을 시작한다. 우리는 아동을 보호하는 관점에서 아동을 둘러싼 체계를 사정해야 한다. 아동·청소년 정신건강팀에서는 고위험의 위기 사례만 의뢰받는다. 아동이 속한 환경은 극도의 심리적 고통에 대해 공정하게 사정할 만큼 잘 구비되어 있지도 않다. 예를 들면, 어느 고등학생은 학교에서 행동이 독특하고 우려된다고 의뢰되었다. 즉, 이 학생은 어두운 그림만 그리고 죽음과 파괴에 대해서 이야기한다. 의뢰 보고서에는 이 학생이 부모로부터 신체적 학대를 당한 정황이 적혀 있다. 사회복지사는 학생이 학대당한 사실을 조사했고, 일주일 동안 학생을 가족으로부터 격리시켰다. 그러나 학생은 곧 집으로 돌려보내졌다. 우리는 이 학생이 심리적 고통에 대해 이야기한 그대로 이해했다. 그러나 이 학생이 처한 상황에서 비정상적인 지표나 정신질환으로 보이는 어떠한 지표도 추가적으로 제시되지 않았다.

우리의 일에서 중요한 것은 적절한 타이밍이다. 불행히도, 때때로 내담자 대기가 생기고 서비스가 제한되기도 한다. 그러나 종종 대기하는 동안 치료 준비도가 향상되기도 한다. 앞서 기술한 예에서 학생의 기본 욕구와 안전을 고려하는 환경이 조성되어야 한다. 이러한 경우, 종종 사회복지사, 학교 간호사, 또는 아동에게 관심을 가지는 사람들과 대화하는 데 서로 다른 의견으로 어려움을 초래할 수 있다. 어쨌든 아동을 둘러싼 체계에서 이러한 상황에 있는 아동들과의 수많은 작업이 행해진다. 슬프게도, 가정환경에서는 혼돈, 예측 불가능, 위협과 모순이 자주 혼재한다. 사회복지 체계에서는 아동에게 교육과 건강 서비스를 제공하여 아동이 안전감, 지지, 경계를 설정하도록 돕는다. 그러나 사회복지사는 종종 더 본질적인 역할을 한다.

아동·청소년 정신건강팀은 사회복지사와 함께 초기 사정에서 받아들여지지 않았지만 다루기 어려운 사례, 우려가 되는 사례에 대해서 나누는 논의의 장을 마련했다. 우리는 아동의 발달과 트라우마를 이해하는 것이 사례개념화와 아동 및 가족의 욕구를 고려하는 데 도움이 됨을 알게 되었다. 이러한 논의의 장을 통해서 가족과의 작업 경험에 대해 나누게 되었다. 가족은 아동의 트라우마가 어떻게 진행해 나가는지에 관한 설명 가능한 유익한 정보를 줄 수 있고, 아동의 두뇌 발달에도 영향을 미칠 수 있다. 아동이 안전감을 느낄 수 있도록 아동에게 안전감, 예측 가능성, 연속성의 메시지를 전달하는 것은 필수적이며, 이는 아동을 둘러싼 체계와 작업하는 데 기본이 되는 부분이다. 어려운 사례의 진행과정에 대한 이해를 서로 논의함으로써 치료의 긍정적 성과의 가능성을 높였다. 우리는 사례에 대한 이해도가 향상되었고, 관점도 취하게 되었고, 자비로운 마음도 향상되었다. 이는 체계의 생산성과 가족과의 작업능력도 향상시키는 데 중요하고 유용한 개입이 되었다. 이러한 사례 논의의 장을 통하여 사례에 대한 전반적인 사정이 가능했다. 따라서 논의 결과 아동·청소년 정신건강팀의 사례로 적절하다고 확인되면 아동은 의뢰되기도 했다.

자비에 기반한 접근을 사용하는 데 있어서, 우리는 다른 전문가에 대한 자비도 가져야 한다. 즉, 우리는 사례 및 업무 부담에 대해 다른 전문가가 느끼는 압도감, 그들의 괴로움을 인정하고 그들에게 도움이 필요하다는 것을 알아차려야 한다. 내 경험상, 나는 다른 전문가들이 나에 대해서 보이는 반응을 내 마음속으로 담아 냈다. 즉, 나는 그들의 부정적인 언급에 사로잡히기보다는 내가 발전하는 데 도움이 되는 것으로 활용했다. 우리는 다른 전문가들이 제시하는 대안적 전략을 발판 삼으면서 그들의 염려를 버텨 내야 한다. 사례개념화에 대해 숙고함으로써 자비로운 동기가 고양되며, 치료자로서 내담자의 가족을 위한 적절한 돌봄의 책임감을 이해하고 힘을 얻게 된다. 가족을 위한 돌봄은 가족이 더 심각한 어려움을 겪지 않도록 막거나 어려움을 완화시키는 것이다.

아동의 가족

> 누군가를 깊게 사랑하는 것은 그 누군가를 강하게 하며 용기를 내게 한다.
>
> −노자−

우리 서비스 기관에는 자녀를 위해서 열심히 참여하고 개방적이고 솔직하게 임하는 수많은 가족과 부모가 있다. 임상심리학자로서 그리고 한 사람으로서, 나는 이러한 부모를 전적으로 존중한다.

부모들은 일상의 삶을 예측할 수 없기에 신체적 건강 또는 경제적 문제로 매일 고군분투하며 살고 있다. 삶의 환경이 아무리 균형 잡혀 있다 하더라도 양육은 쉬운 과업이 아니다.

우리는 부모에게 많은 질문을 한다. 즉, 우리는 부모를 '뜨거운 자리(hot seat)'에 앉혀 가족의 핵심 경험이 무엇인지, 아동이 어떻게 이러한 문제를 겪게 되었는지 설명하도록 요청한다. 우리는 아동의 문제를 심층적으로 이해하기 위해 엄마의 임신 기간 동안 일어났던 일들, 아동의 각 발달 단계 등에 관해 면밀히 살펴본다. 사정은 부모에게는 분명 노출로 경험되더라도, 가능한 한 치료자의 자비로움, 공감과 온화함으로 진행된다. 어떤 부모는 아동이 직면해야 할 도전을 설명함으로써 자신의 취약성을 엄청나게 드러낼 수 있다. 또 다른 부모는 이러한 노출 상황에 대한 수치심을 언급하지만 아동을 위해서 사정 과정에 참여한다. 자비로운 치료자가 부모에게 따뜻하고 공감하는 태도로 대할 때, 현재의 어려움이나 과거사 같은 두려운 경험에 대해 말하는 부모는 힘을 얻을 수 있다. 치료자는 부모가 개방한 정보를 신중하게 담아내고, 비판단적이고 수용적인 태도를 취한다. 부모는 비판단적이고 수용적인 치료자를 접하다 보면 안전감을 느끼면서 치료에서 아동도 안전할 것이라고 믿게 된다. 치료자가 부모를 대신하여 '정서적 용기'를 보이는 것이며, 이는 부모에게 희망을 가지게 한다. 이러한 경우, 자비에 기반한 접근은 특히 중요하다. 우리는 부모가 어려워하는 주제를 피하기보다는 아동과 가족에 대한 철저한 이해를 위해 이러한 주제를 탐색해야 한다. 우리는 가족의 정보를 가족의 긍정적 성과를 제공하는 방식으로 그리고 지혜롭게 사용할 책임이 있다.

누군가를 돌보면서 용기가 생긴다.

-노자-

　　아동을 지원해야 하는 사람들이 종종 문제의 일부이거나 문제를 유지시키는 사람들이기도 하다. 치료자의 피드백을 잘 받아들이고 함께 작업하는 정도는 가족마다 다르다. 아동을 둘러싼 체계와 작업하는 것이 이로운지, 아동의 대처 기술에 초점을 두는 개입을 해야 하는지, 아동이 속한 체계와 함께 개입을 하는 것이 가능한지 결정해야 한다. 이러한 종류의 결정은 아동보다는 청소년을 대상으로 더 잘 이루어진다.

　　많은 전문가는 인터넷 세대인 현대의 환자가 마치 전문적 환자가 되어 간다는 점을 인정한다. 예를 들면, 사람들은 가족 구성원에 대해서 '다소 강박장애(OCD)가 있다'고 기술할 수 있다. 이러한 추세는 젊은 가족들에게서 나타난다. 어떤 부모는 그들의 아동이 진단적 조건에 부합할 것이라는 단호한 신념을 가지고 사정에 임한다. 그들은 아동의 문제행동이 반복된다면 사회적으로 이해할 만한 진단적 기준을 가질 거라고 믿는다. 즉, 아동이 정서조절 능력이 결여되고 기분 동요가 있다고 여겨지면 아동의 행동을 양극성 장애로 보는 것이다. 또 예를 들어, 자녀가 가만히 앉아 있지 못한다고 여겨진다면, 부모는 그 아동을 주의력결핍 과잉행동장애(Attention Deficit Hyperactivity Disorder: ADHD)로 명명하는 것이다. 물론 부모의 관점이 고려되고 존중되는 것은 중요하다. 그러나 가설적으로 내리는 진단에 대해서 절대시하지는 말아야 한다. 어떤 부모는 아동이 너무 염려가 되어서 철저하게 연구하기도 하고, 또 다른 부모는 아동을 위해서 오랫동안 노력하고 최선을 다해 왔고 아동의 진보를 위해 고군분투하기도 한다. 이러한 부모들의 경우, 아동 · 청소년 정신건강팀의 전문가와 함께 상의하게 될 때 이해받는 느낌을 받게 된다. 이와는 다르게, 어떤 부모는 아동의 증상이 부모와 관련은 있지만 문제의 원인이 아동에게만 있다고 간주하기도 한다. 소수의 부모는 아동의 문제에 대해서 자각도 못하고, 고군분투를 할 능력도 없으며, 아동에게 단지 의학적 문제가 있는 것으로만 간주한다.

자녀의 문제행동에 대해서 진단이 내려질 때는 부모와 함께하는 것이 중요하다. 부모로 하여금 상실감과 실망감을 느껴도 된다고 허용하는 것이 필요하다. 부모는 도움을 받을 수 있음에 감사한다. 진단을 통해서 아동 또는 가족의 경향이나 역경에 대한 적응적 반응을 알 수 있다. 부모가 자기자비를 향상하도록 돕는 것은 아동을 위해 중요하다. 부모는 자기자비적 태도를 지녀야 하지만 실상 그들은 자기자비를 거의 실천하지 못한다. 가정에서 누군가의 진실한 자기자비의 실천을 경험하는 것이 자기자비를 배우고 믿게 되는 최고의 방법이다. 부모가 아동을 사랑하고 관계연결성을 증진하도록 치료자는 부모에게 자비에 대한 시범을 보여야 한다.

자비에 기반한 접근은 부모로 하여금 부모다워지게 하는 것이다. 즉, 자비에 기반한 접근은 부모의 책임을 실천하게 한다. 우리는 부모가 삶에 대한 자비에 기반한 접근의 기법을 배우도록 조력한다. 우리는 부모가 '모든 이를 위하여 더 나은 내일을 만들기 위해 오늘 내가 할 수 있는 일은 무엇인가?' '아이에게 밤에 일관성 있고 예측 가능한 한계를 설정하기보다는 늦게까지 자지 않는 것을 내버려 두는 것이 더 편해서 그렇게 하는 것인가?'와 같은 질문에 대해 탐색하도록 돕는다. 물론 일관성 있는 한계 설정이 모든 이에게 언제나 더 도움이 된다.

우리는 임상적 내용(예: 학대, 위험에 대한 개방)이나 개입내용(예: 양육 개입)에 관해서 부모와 논의하는 데 종종 어려움을 겪는다. 이러한 대화에서 치료자가 책임감을 가지고 친절한 방식으로 부모에게 공감과 자비를 전달한다면, 부모는 자기 탓을 덜 하게 되고 수치심도 덜 느끼며 지금 상황을 더 잘 받아들이게 된다. 이러한 치료자의 비판단적 접근은 부모로 하여금 괴로움을 견디게 도와주며 조망수용과 같은 여러 가지 기술을 배우게 한다.

나는 취약한 사람을 돕는 일을 하는 사람들에게는 자비에 기반한 접근이 자연스럽다고 생각한다. 즉, 자비를 받을 만한 사람에게 자비를 향하게 하는 것이다. 그러나 자비에 기반한 마음수련/자비에 기반한 치료(Compassion Focused Therapy: CFT)의 실제에서는 모든 사람이 자비를 받을 만하다는 점을 강조한다. 자비인지 아닌지에 대해서 개념화하는 작업은 쉽지 않다. 대부분의 치료자는 주로 타인의 입장에서 생각하고 함께하려고 한다. 우리는 자연적으로 우리가 이해할 수 있고 논리적으로 설명할 수 있는 것들에 대해서 더 쉽게 자비와 공감을 할 수 있다. 아동·청소년 정신건강팀에서는 자녀에게 해를 가하거나 자녀의 욕구를 경시하는 부모를 발견할 수 있다. 우리의 주요 역할이 취약한 아동을 보호하는 것이기 때문에 이러한 부모에 대해 자비로운 마음을 가지는 것이 어렵다. 치료자가 이러한 부모를 대할 때, 자비를 행하는 협력과 상호학습 모델의 형태(예: 유도된 발견이나 소크라테스식 접근)에서 이론상 명확한 의학적 모델로의 변화를 꾀하면서 위기감을 느낄 수 있다. 예를 들면, 부모는 아동이 ADHD가 분명하다고 공격적으로 보고하지만 교육팀은 아동이 학교 환경에서는 문제가 없다고 보고한다.

이 아동은 설사 ADHD일지라도 가정환경을 좀 더 개선하는 방향으로 개입이 들어간다면 향상될 수 있다. 만약 부모가 유연하게 사고하지는 못하지만 사정에 대해 협조적이라면, 아동이 ADHD 진단을 받지 않을 가능성을 감안하면서 공식적인 사정을 시작할 수 있다. 이러한 경우, 부모와 치료자가 다른 방식을 취한다면, 초기 개입에 대한 의사결정도 달라질 수 있다.

아동·청소년 정신건강팀의 치료자들은 어떤 부모에 대해서는 자비로운 마음을 가지는 데 고군분투하는 시기가 있다. 우리는 이러한 부모가 '우리와 다를' 뿐이고 아동의 문제에 기여하는 것을 알지 못할 뿐이라고 생각하는 것으로 우리를 방어한다. 우리는 때로 '나는 언제나 부모에게 x, y 그리고 z까지 다 물어서 알아야 해.' 또는 '내가 아이가 있는 부모 입장이라면 x, y, z까지 물을 필요가 없으며 부모에게 자비로운 마음을 가지기가 어렵지도 않고, 양육의 어려움을 알기에 전문성을 확신하기 위해 노력할 필요도 없어. 그리고 그 아이가 단순히 버릇없는 아이는 아니라는 점을 이해시키기 위해 진단에 호소하지도 않을 거야.'라고 생각한다. 부모의 입장에서 보려는 시도를 할 때 두려움으로 인해 이런 식으로 생각하게 되는가? 우리 중 일부는 부모의 입장에 서서 부모를 더 비판적으로 판단할 수도 있다. 나는 이러한 문제가 많이 일어나지 않기를 바라면서 이를 좀 더 책임감 있게 다루기 위해 수퍼바이저에게 도움을 청해야 한다고 생각한다. 우리의 이러한 어려움은 부모에게 공감하고 자비에 기반한 접근(부드럽고, 따뜻하고, 공감적이어야 할 뿐만 아니라 책임감을 가지고 상황을 향상시키려는 의지를 가짐)을 전적으로 사용해야 함을 강조하는 상황에서 겪을 수 있는 고충이다.

아동

나는 임상수련 외에 어떤 특정한 신경학에 근거한 수련도 받지 않았다. 하지만 브루스 페리(Bruce Perry), 조나단 베일린(Jonathan Baylin), 다니엘 휴즈와 동료들(Daniel Hughes and colleagues)과 같이 배움에 도움을 준 전문가들의 저술과 가르침으로 인해 어떤 이해의 경지에 다다를 수 있었다. 내가 이해한 바로는, 다양한 초기 역경 경험을 한 많은 아동의 경우, 생존을 돕는 신경 시스템이 도움이 된다. 하지만 지속적인 효과 면에서는 도움을 확신할 수 없다. 불행히도, 아동의 역경 경험의 강도나 지속 기간은 신경학적 환경의 변화를 초래하여 위로와 성장 기술을 발달시키는 능력과 집중하고 학습할 수 있는 능력에 영향을 미친다. 즉, 아동은 성장과 발달을 촉진시키는 데 필요한 자극의 부재 또는 지배적인 위협의 존재로 인해 신경학적 환경의 변화를 경험한다.

부모가 부재하거나 아동의 요구에 반응해 주지 않을 때 아동은 방임될 수 있다. 부모의 방임 정도에 따라 아동의 발달에 미치는 영향은 다양하다. 방임은 아동이 타인과의 상호작용을 확장시키고 다루어 가는 데 있어 기본 영양소 결핍처럼 광범위한 영향을 미칠 수 있다. 할로(Harlow)의 원숭이 연구(1961)는 포유류 새끼에게 음식보다 접촉이 우선한다는 것을 시사한다. 따라서 아동은 양육자와의 접촉이 부족하면 치명적인 손상을 입을 수 있다. 부모와의 접촉이 결핍된 아동은 무력감과 정체성에 대한 전반적인 이해가 부족할 수 있다. 또 한편으로 무지한 부모가 행하는 정서적 방임이 있다. 이러한 경험을 한 아동은 대개 자기위로, 정서적 조절 능력처럼 좋은 세련된 기술을 배울 수 있는 기회를 갖지 못한다. 복잡한 문제를 가진 가족들이 겪는 이러한 어려움은 대개 여러 세대에 걸쳐 이어진다. 이로써 부모 자신도 좋은 기술을 배울 수 있도록 허용된 양육환경 속에서 자라지 못했음을 알 수 있다.

이러한 삶의 초기 역경이 초래하는 영향이 얼마나 광범위한가는 아동의 연령과 발달 단계에 따라 달라질 것이다. 일반적으로 아동이 어릴 때 역경을 겪을수록 미래에 직면하는 어려움은 더 커질 수 있다. 힘든 환경으로부터 아동을 데리고 나와 안전한 곳에 놓는 것은 도움이 될 것이다. 하지만 그 효과가 얼마나 파급적일지는 알기 어렵다. 만일 아동이 위협이 지배적인 환경 속에서 살아왔다면, 아동의 두뇌는 위협에 대처하는 몸의 반응을 유지하게 하고, 그렇기 때문에 지속적으로 생존할 수 있도록 하는 원시적이지만 복잡한 변화를 만들어 낸다. 이러한 변화는 아이를 과다경계의 상태에 처하게 한다. 즉, 이러한 위협이 현실의 경험이든지 전적으로 과거의 경험이든지 간에, 생존과 안전 추구가 아동 몸의 중심이 되어 위협에 초점을 맞춘 상태에 처하는 것이다. 의도적이든 그렇지 않든 간에 방임, 불확실하고 요구에 응해 주지 않는 양육, 조건적 사랑의 환경에서 자란 아동의 경우, 계속해서 애쓰고 남아 있는 감정에 매달리지 않으려고 행동화하는 추동 양식(drive mode)을 취하게 된다.

'분노 폭발' '공격성' '도전적 행동' 'ADHD 평가 필요' '심한 불안' '공황발작'의 이유로 치료에 의뢰되는 아동들이 있다. 이 중 많은 아동이 정서조절 능력이 부족하다. 또한 아동들은 실제로 스스로를 진정시키지 못하고, 느껴지는 것들을 회피하기 위해 부적응적인 수단을 사용한다. 이렇게 되면 아동들은 자해, 약물 또는 알코올 남용을 하는 집단으로 진행될 수 있다. 이러한 아동들의 경우, 내면

깊은 곳에는 매우 방어적인 감정인 수치심이 팽배하다. 많은 아동은 수치심에 대해 묘사하거나 드러내 보이지만, 정작 수치심을 명명하는 단어는 모른다.

치료자가 해야 하는 중요한 일은 아동이 자기를 위로하는 기술을 발달시키고 자신의 세계 안에서 예측 가능성과 안전감을 발견하도록 돕는 것이다. 치료는 아동이 안전감을 발달시키고 불편감을 견디고자 하는 의지를 갖도록 돕는 것이다. 우리의 목표는 아동이 치료자의 온화한 모델링(gentle modelling)과 호기심을 통해 자신의 욕구를 성장시키는 방법을 배울 수 있게 돕는 것이다. 즉, 우리는 아동의 경험을 정상화하고 탈병리화할 수 있는 대안적인 이야기를 고려하도록 돕는다. 또한 우리는 아동이 수용, 자존감, 자기확신을 발달시키도록 돕는 것을 목표로 한다. 이러한 필요성에 힘입어, 마음챙김과 자비에 기반한 치료가 도입되었다. 나보다 더 나은 지성의 소유자들은 내담자와 작업할 때 자비에 기반한 접근을 어떻게 사용하는지에 관한 설명을 제시했다. 따라서 자세한 내용은 길버트(Gilbert), 콜츠(Kolts), 웰포드와 동료들(Welford and colleagues)과 같은 저자들의 저작을 읽어 보기를 권한다. 되돌아보면, 나도 아동들과 함께 자비에 기반한 접근을 사용한 것이 효과적이었다. 아동·청소년은 자비에 기반한 접근에 정말 잘 참여할 수 있다. 특히 자비에 기반한 접근에서 핵심이 되는 것이 협력과 평등의 개념이기 때문이다. 아동들은 자신의 세계와 많은 영역에서 이미 '어른들의 통제'를 받고 있다. 특히 아동·청소년은 더 어렸을 때의 자신과 자비를 공유한다는 아이디어에 좋은 반응을 보였다. 자비에 기반한 치료는 다른 치료적 접근을 받고 있는 아동·청소년에게도 적용할 수 있도록 수정하여 활용할 수 있다.

치료자

> 흐르는 물에는 자기 자신을 비출 수 없다. 내적 평화를 경험한 사람만
> 이 내적 평화를 타인에게 전달해 줄 수 있다.
>
> —노자—

자비에 기반한 치료 작업을 한다는 것은 우리의 자기자비 없이는 지탱할 수 없다. 아동·청소년 정신건강팀의 전문가로서, 나는 자기돌봄이 도전적인 작업환경에서 핵심적인 부분이지만 한편으로는 실천하기 쉽지 않다는 점도 알고 있다. 자기자비는 주로 타인에게 초점을 맞추는 데 익숙한 치료자에게 더 어려울 수 있다. 타인의 괴로움을 함께할 수 있으려면, 우리의 정서적 자원을 염두에 두고 유지하는 데 시간을 보내야 한다. 즉, 나는 박사과정에서 자기돌봄에 대한 포괄적인 수련을 받았다고 생각했다. 또한 자기돌봄 수련은 정식 실무과정에 통합되어 있었다. 자비에 기반한 접근은 치료자가 자신과 내담자를 돌보는 책임이 자신에게 있다는 확신을 통해 앞으로 나아갈 길을 안내해 주며, 결정을 내릴 때 치료자가 무엇을 성취하고자 하는지 계속 확인할 수 있는 지혜를 갖추도록 도와준다.

아동에게 치료를 제공할 때 우리는 가장 쉬운 선택을 하고 책임에서 벗어나려고 하기보다는 진정으로 최선을 다하도록 노력해야 한다. 다음과 같은 시나리오는 하루에도 여러 번 발생할 수 있다.

- 늦게까지 직장에 남아 문서를 완성하고 개운한 마음으로 퇴근

하는가, 아니면 불안하지만 내일 남은 문서를 보충할 계획을
세우고 일단 정시 퇴근을 하는가?
- 내담자와 예약 시간을 잡을 때, 다음 주 유일하게 남은 시간에
잡는가, 아니면 내담자에게 한 주 더 기다리게 하는가?

이와 같은 질문에 대한 답은 내담자와 서비스 요구사항에 따라
다를 것이다. 하지만 우리는 우리의 일이 긍정적이고 희망적인 경
험을 제공하지만, 한편으로는 우리를 소모시킬 수도 있다는 점을
기억해야 한다.

일반적으로 일 처리 시간의 오차, 계획되지 않은 업무, 위기 작
업을 할 시간을 미리 할당해 두는 것이 도움이 된다. 그렇다면 많
은 내담자에게 일단 빨리 만날 수 있는 예약 일자를 잡아 주는 것이
좋을까, 아니면 내담자를 좀 더 기다리게 하고서 더 사려 깊고 함께
잘 있어 줄 수 있는 치료자를 만나게 하는 것이 좋을까? 후자가 더
책임 있는 접근일 수 있다. 하지만 결코 이 상황에서 단정적으로 하
나의 옳고 그른 답은 없을 것이다. 어떤 선택도 일반적인 규칙으로
서는 이상적이지 않다. 따라서 무엇이 이 상황에서 최선인지를 선
택하기 위해서는 일반적으로 가장 쉬운 대안으로 보이는 것을 선
택하기보다는 자기자비를 활용할 필요가 있다.

도움을 요청하는 것에 대한 수치심

마치 자기의 욕구보다 타인의 욕구를 우선시하도록 프로그램화
된 많은 사람의 경우, 도움 요청이나 실패를 약함의 신호로 인식하

면서 도움을 요청하는 것 자체를 방종처럼 느낄 수 있다. 이 상황에서 자기자비가 이상적인 해독제가 될 수 있다. 우리는 오직 목표를 달성하기 위해 애쓰거나 대기자들과의 약속을 어길까 봐 위협을 느끼면서 일하기보다는 개인적으로 스스로를 돌보고 자기양육을 북돋워야 한다(Hacker Hughes et al., 2016 참조). 가치 있는 학습 경험으로서 수퍼비전과 동료 사례회의가 이루어지는 직장 내 문화를 형성해야 한다. 이런 사례회의에서도 우리가 치료에서 사용하는 자비에 기반한 기술을 적용하는 것이 이상적이다. 예를 들어, 저항과 자비의 방해요소를 다루는 작업을 더 잘하기 위해 관점 취하기, 자기비판에 관해 작업하기를 해 볼 수 있을 것이다. 지금의 우리 환경에서는 이러한 주제를 그다지 잘 다루지 않는다. 영국심리학회(British Psychological Society: BPS)와 뉴 사보이 파트너십(New Savoy Partnership)은 2015년에 임상실무자들의 안녕에 관한 조사 결과를 보고했다. 이 보고서는 응답자의 46%가 우울을 경험한 적이 있으며, 50%가 실패감을 느꼈다는 점을 강조했다. 이 수치들은 헤드라인을 음울하게 만들어 버렸지만, 덕분에 영국심리학회가 정신건강 서비스 전반에 걸쳐 임상실무자의 소진 현상을 줄이기 위해 노력할 것이라는 희망을 주기도 한다.

> 타인을 아는 자는 지혜롭고, 자신을 아는 사람은 명철하다.
>
> −노자−

결론

　자비와 관련해서 아동·청소년 정신건강팀의 작업 영역에 대한 논의를 통해서 자비에 기반한 접근이 우리가 만나는 모든 사람에게 중요하다는 사실이 분명해지기를 희망한다. 자비에 기반한 치료 작업은 분명히 발전하고 있고 정신건강 서비스 안으로 들어오고 있는 추세이다. 자비에 기반한 접근은 여러 정신건강 영역으로 서서히 퍼져 나가고 있다. 자비에 기반한 접근을 활용하기 위해서 어떻게 자기양육을 북돋울 수 있을지에 대해 생각해 보기를 바란다.

　처음에 내가 다음의 인용문을 사용했을 때, 많은 방면에서 세상에서 가장 연약하고 부드러운 사람들이라고 생각하는 아동들을 떠올리면서 이 어구를 선택했다. 우리가 실제로 볼 수 있는 놀랍고 가치 있는 회복탄력성을 증명하려는 의도에서였다. 아동들은 어떤 낙관적인 생각도 가지기 힘들 것이라고 생각되는 상황에서도 미래에 대한 놀랄 만한 희망의 징후를 보여 준다. 지금 나는 이 인용문을 다시 제시하고자 한다. 연약해질 수 있고, 앞으로 나아갈 새로운 길을 찾기 위해 자기자비를 적용할 정서적 용기를 발견할 수 있는 누구에게나 관련될 수 있는 말이기 때문이다.

> 세상에서 가장 부드러운 것이 세상에서 가장 강한 것을 이겨 낸다.
>
> —노자—

참고문헌

British Psychological Society & New Savoy Partnership (2015). *Charter for Psychological Wellbeing and Resilience.* Available at www.bps. org.uk/system/files/Public%20files/Comms-media/press_release_ and_charter.pdf, accessed on 5 April 2017.

Hacker Hughes, J., Rao, A. S., Dosanjh, N., Cohen-Tovée, E., Clarke, J., & Bhutani, G. (2016). Physician heal thyself (Luke 4:23). *The British Journal of Psychiatry, 209*(6), 447-448.

Harlow, H. F. (1961). The development of affectional patterns in infant monkeys. In B. M. Foss (ed.) *Determinants of Infant Behaviour I.* London/New York: Methuen/Wiley.

Maslow, A. H. (1943). A theory of human motivation. *Psychological Review, 50,* 370-396.

제5장

자비를 통한 돌봄의 철학과
과학 발전시키기

• • • • • •

메리 프렌더개스트(Mary Prendergast), 성 패트릭 병원 간호부장

나는 간호사, 교육자, 환자 지지자로서 다년간의 경험을 하면서
자비에 기반한 돌봄에 관심을 가지게 되었다. 영광스럽게도, 나는
다양한 노인을 돌보는 서비스 기관의 일원이 되었다. 이 기관에서
의 노인 서비스에는 의학적 · 정형외과적 재활과정이 모두 포함되
어 있다. 여러 분야의 전문가들이 한 팀이 되어서 진행하며, 낮 병
동 진료, 입원환자 및 외래환자 치료 등 다양한 형식의 서비스가 제
공되고 있다. 그리고 우수한 간호사와 자문팀이 노인들의 인지 평
가를 담당하고 있다. 나는 거의 36년간 간호사 일을 하였다. 나는
학생들에게 한 번의 미소와 돌봄의 손길, 공감하는 표정이 환자에
게 얼마나 큰 의미인지를 보여 주고 싶었다. 자비에 기반한 개입은

아무런 비용이 들지 않는다. 단지 사랑하고 돌보는 방식으로 타인들과 주고받았던 작은 경험들의 소중함을 인식할 수 있는 관용의 정신만 있으면 된다. 따라서 나는 자비야말로 회복의 진정한 맥박이고 치유의 심장이라는 믿음을 가지고 있다. 자비는 우리의 회복탄력성이 충만해지게 하며 희망을 고취시킨다. 희망컨대, 우리가 취약한 사람의 상황에 대해 자비로 대할 때 우리 자신의 삶의 취약한 부분까지도 접촉할 수 있기를 기대한다.

창의적 치료 도구와 개념의 사용은 임상실무자로 하여금 긍정적인 탐색을 가능하게 하며 환자들에 대한 태도와 접근 방식 면에서도 생기를 불어넣어 준다. 이렇게 되면 임상실무자는 성찰과 인간중심 돌봄을 통하여 환자의 상황을 이해하고 환자의 말을 경청하며 환자의 요구에 반응할 수 있게 된다. 임상실무자가 진심으로 상대방에게 마음을 열어 놓고 경청한다면, 환자에게뿐만 아니라 스태프 간에 그리고 자신에게도 도움을 줄 수 있다. 자기돌봄은 즐거움을 회복시키고, 정체된 관계에 다시 불을 붙이고, 마음속의 빛을 밝히는 데 있어 필수적이다. 자기돌봄은 임상실무자로 하여금 매일 기대하고 일하고자 하는 자질을 밝혀 준다. 이를 위해 우리는 임상실무자가 일로부터 떨어져 자신만의 시간을 가지고 자신의 삶에 있는 모든 좋은 점에 대해 감사하며 자신이 지닌 재능, 능력 등에 대해 명확하게 인식할 수 있도록 휴가를 제공한다. 이러한 휴식의 시간은 타인을 돌보는 것이 어떤 기여를 할 수 있는지 임상실무자 스스로 성찰할 수 있는 지혜의 시간이 된다. 휴식의 목적은 자기돌봄과 자신에 대한 사랑과 수용을 회복시키는 것이다. 즉, 강점의 발휘와 회복탄력성은 자신의 삶에서 즐거움을 발견해야 가능하다.

환자 지지와 자비

　나는 환자를 지지하고 환자들에게 가장 중요한 것을 보다 효과적으로 전달하고자 하는 바람에서 자비에 관심을 가지게 되었다. 나는 자비를 가장 중요한 가치 중 하나로 인식하는 가치 중심 문화의 필요성을 절감했다. 따라서 이러한 자비 중심 문화를 통해 조직과 개인을 변화시키고자 했다.

　리더십은 자비를 이끌어 내고 친밀한 돌봄적 욕구에 의해 고무되고 열정적으로 반응하게 하는 핵심 개념이다. 건강관리 전문가는 스스로를 돌보지 못하는 사람들을 돌본다. 타인을 돌보기 위해서는 타인의 사적 영역에 들어가게 되므로, 돌봄을 받는 이들에 대한 품위 있는 접근과 사려 깊은 이해가 필요하다. 우리는 돌봄 과정에서 중요한 핵심 가치를 확인해야 하고, 돌봄을 제공하는 데 있어서 결단력 있고 공감적이며 집중적인 서비스를 제공해야 한다. 온전한 돌봄을 제공하는 사람으로서 관계연결성과 임상 실제에 대한 성찰은 중요하다. 조직을 지탱하는 힘은 인간성과 친절함과 희망의 정신으로 제공되는 자비로운 행동에 대한 궁극적인 인식에 달려 있다. 이러한 자비로운 행동에 대한 인식은 조직의 혁신적 접근방식이 진정으로 효과를 발휘하기 위한 기본 요소로 여겨진다. 영감적인 비전을 창출하는 건강관리 전문가에게는 혁신적 리더십이 필요하다. 혁신적 리더십 접근은 사람들로 하여금 낙관성, 자신감, 정직성을 가지고 비전에 참여하게 한다. 건강관리 전문가팀은 고급 기술, 교육, 지식의 요소들이 자비로운 친절과 균형을 이루게 하여 서로 간에 이해와 헌신을 촉진하게 한다. 따라서 스태프들은 완

전한 치료환경을 만들기 위한 적절한 수준의 협력과 유연성을 일
구어 낸다.

치료자와 환자 간의 치료적 연대가 중요함을 이해하고 치료를
진행한다면 환자들은 호전될 것이다. 치료자가 환자와 함께하기
위해 기꺼이 잠시 멈추고 환자의 말을 경청하는 것은 인간 중심의
보살핌과 편안함을 제공하는 하나의 틀이다. 나는 많은 환자의 성
찰 일기 속에서 자신들이 잘 치유되었다고 지속적으로 강조하는
것을 보았다. 실제로 많은 환자의 경우, 임상실무자의 친절함과 자
비에 기반한 접근을 건강관리 전문가 역량의 주요 요인으로 여기
고 있었다. 이는 치유 과정의 필수 요건으로서 자비에 기반한 접근
의 중요성과 의미를 나타낸 것이다.

예를 들어 보자면, 나는 슬퍼서 흐느끼며 병원을 돌아다니던 새
로 온 환자의 부인을 본 기억이 난다. 나는 운영회의 때문에 급히
사무실로 달려가다가 아주 상심해 있는 여인을 보고 잠시 멈춰 섰
다. 내가 살며시 다가가서 그녀에게 앉으라고 권하고 손을 잡아 주
었더니, 그녀는 울음을 터뜨렸다. 약간의 다정한 표정이 있었지만
더 큰 침묵 속에서 그녀는 오직 눈물만 흘렸다. 얼마의 시간이 지나
고 나서 나를 소개하고 점잖게 간단한 대화를 시도했다. 그리고 그
녀가 치매에 걸린 남편을 10년째 보살피고 있다는 사실을 알게 되
었다. 그들에게는 자녀가 없었지만 결혼생활 내내 굉장히 친밀하
게 지내 왔다고 한다. 그녀는 남편이 입원치료 중인데, 그녀 자신
의 건강도 나빠지고 있고 남편의 치료도 난항을 겪고 있어서 더 이
상 상황을 감당할 수 없게 되어 가슴이 아프다고 말했다. 우리는 정
원에서 커피를 마시는 장소로 옮겼고, 나는 그녀 옆에서 그녀의 인
생과 예전에 남편과 공유했던 삶의 기쁨에 대한 회상 이야기를 들

어 주었다. 그날 저녁 나는 그녀의 고통에 대해 의료진에게 조언을
해 주었다. 그녀는 자기 이야기를 의료진과 나눈 적이 없었다. 모
든 이야기를 알게 되자, 의료진은 보호자와 입원환자 둘 다의 정서
적 요구를 온전히 충족시킬 수 있게 되었다. 보호자가 다른 이들에
게 자신의 남편을 돌보게끔 허락하면서 생기는 상실감에 대해 의
료진은 더 큰 공감과 친절함 그리고 이해심을 갖게 되었다. 나는 다
음 날 그녀에게 전화를 걸어 어떻게 지내는지 물어보았다. 이러한
경험들은 사랑스러운 치유의 순간들이었다.

그녀는 몇 달 후 편지를 보내왔는데, 남편이 자비에 기반한 만족
스러운 치료를 받고 있는 것이 그녀를 지탱해 준 커다란 힘의 원천
이었다고 했다. 그녀는 상황을 이해해 주고 남편에게 자비와 친절
함을 보여 준 의료진 덕분에 남편의 병을 대처하고 받아들이는 데
도움이 되었다고 한다. 이는 자비에 기반한 접근이 어떻게 치유적
순간들에 기여하는지를 보여 주는 아주 간단한 예이다.

대부분의 건강관리 전문가는 자신들이 돌보는 사람에 대해 더
큰 이해를 하게 되면 더 겸손해진다는 점에 동의한다. 인간중심, 지
지와 돌봄의 과학은 임상 실제를 향상시킨다. 이는 개선된 임상 실
제의 경우, 자비에 기반한 접근으로 인해 환자의 적절한 돌봄 욕구
가 존중받고 충족됨을 시사한다.

희망의 고취와 깨달음의 경로 조명

이 장에서는 가치중심 체계의 경험에 대해 탐색하고자 한다. 지금
까지 논의한 바대로, 자비에 기반한 접근이 잘 이루어지거나 자비가

기본적인 핵심으로 자리매김하면, 회복탄력성과 자기돌봄을 지지하는 곳에서는 변화가 일어나고 문화적 규준들이 영향을 받게 된다.

> 타인에게 진정한 돌봄, 상냥함, 자비, 사랑 그리고 품위를 제공하기 전에, 우리는 스스로에게 사랑, 용서, 자비 그리고 관용을 제공하는 방법을 배워야 한다.
>
> −진 왓슨(Jean Watson) 박사−

치료 도구와 수련 과정은 환자의 돌봄 욕구와 임상실무자의 돌봄 행위의 효율성을 잘 살필 수 있도록 고안되어야 한다. 자비는 정서적 반응이지만 인간적 존재로서 우리에게 선천적으로 존재하는 합리적 이성과 고귀한 원칙을 토대로 발현되는 것이다. 따라서 자비는 우리가 자신과 상대방을 서로 어떻게 돌보는지에 관한 하나의 구조이자 기제라고 정의 내릴 수 있다.

자비는 특히 지속적이며 인식 가능한 살아 있는 가치이다. 군이 이름을 붙이지 않더라도 모든 돌봄의 개입 배경에 자비를 활용하는 사람들의 친절함이 녹아들어 있다. 만약 자비가 임상 실제를 안내한다면, 자비는 모든 돌봄 측면(환대, 안내, 평가, 치료, 결과, 의뢰, 퇴원 등)의 일부분이 된다. 모든 돌봄의 행위, 탐색, 반응이 자비에 기반한 접근의 일부라면, 환자의 돌봄 욕구는 좀 더 잘 전달되고 충족된다. 이러한 자비에 기반한 접근은 철학이자 무엇보다 중요한 주제로 여겨질 수 있다. 돌봄의 모든 지점에서 자비는 돌봄의 행동과 언어에 명료함, 신뢰, 상호존중과 자각을 불어넣어 준다. 이 장은 자비라는 빛나는 보석을 인식하면서 타인에 대한 돌봄에 전념하고 있는 임상실무자에게 바치고자 한다.

의미 있는 가치

우리는 우선적으로 돌봄 서비스를 구현하는 데 있어서 어떤 철학과 가치가 자비에 기반한 방식을 지지할 수 있는지 재평가했다. 오늘날 임상실무자의 역량을 강화하는 데 있어서 핵심은 임상 실제를 안내해 줄 가치의 중요성을 재강조하는 것이다. 우리가 개인적인 삶이나 전문가적인 삶에서 가치를 소유하여 일하는 방식의 일부로 자리매김하면, 가치는 진정으로 의미가 있게 된다.

임상실무자의 성찰과 자기탐색은 임상 실제를 향상시키는 데 도움이 된다. 즉, 임상실무자는 자신의 가치를 인식하고 성찰하면서 개인적 삶을 어떻게 향상시킬 수 있느냐를 발견하고 일에서 활기를 찾을 수 있다. 이러한 임상실무자는 상황에 대한 자신의 개인적 반응뿐만 아니라 다른 이들의 기대를 다룰 수 있으며, 소진과 공감피로를 예방할 수 있다. 결과적으로 임상실무자의 성찰과 자기탐색은 건강한 근무환경을 조성하는 데 기여한다. 가치기반 체계에 토대를 둔 건강관리 조직이나 임상실무자는 네 가지 차원, 즉 직업적·개인적·조직적·교육적 차원에서 혜택을 얻을 수 있다.

돌봄 서비스에 대한 환자의 의견

정신건강 서비스가 질적인 향상에 주력함에 따라 환자와 환자의 가족으로부터 서비스에 대한 피드백을 수집한다. 성 패트릭 병원 환자 만족도 조사(2014)를 활용하여 서비스 기관의 강점과 약점을 파악함으로써 서비스 질 향상을 위한 기회로 삼을 수 있다. 환자 만족도 조사는 환자들이 받고 있는 돌봄에 대한 환자들의 인식과 의견을 측정한 것이다. 우리가 환자의 입장에서 돌봄의 질을 진정으로 이해하고자 한다면 환자의 이야기에 귀 기울여야 한다.

자비에 기반한 사고-실행 모델

자비로운 발자국

[그림 5-1] 자비로운 발자국

ⓒ Mary Prendergast

자비로운 발자국 모델[1)]에서는 한 인간으로서 자연스럽게 발현되는 능력과 유능성에 대해 기술하고 있다. 건강관리 분야에서 자비로운 발자국 모델은 인간중심적 돌봄을 어떻게 실행할지에 관한 실제적 수단으로서 활용된다. 이 모델은 임상 실제에 대한 하나의 평가 모델이자 환자를 위한 돌봄과 치유 과정에서 의학적 기술과 함께 지혜의 적용에도 관련된다.

자기와 팀의 적극적인 회복-회복의 12단계[2)]

회복의 12단계 프로그램의 목적은 바쁘고 스트레스 많은 환경에 처한 임상실무자의 개인적 회복탄력성을 지원하는 것이다. 회복탄력성은 다차원적이고 복잡한 주제이다. 회복탄력성의 영역에서는 즉각적인 교정이나 당장의 해결책은 없다. 임상실무자가 회복탄력성을 가지려면 전념과 실천이 필요하다. 변화와 성장에 전념하는 임상실무자의 행복감과 회복탄력성에 기여할 수 있는 삶의 접근 방식이 있다. 이러한 삶의 접근 방식은 코칭 틀인 회복의 12단계 (12 Steps of Restoration)를 통해 탐색될 수 있다. 코칭 틀은 다음과 같다.

---

1) 자비로운 발자국 모델(Compassion Footprint Model)은 캐셜에 위치한 성 패트릭 병원에서 메리 프렌더개스트가 수행한 실무개발 프로젝트(Practice Development project)의 일부로 만들어진 것이다.
2) 회복의 12단계(12 Steps of Restoration)는 일 관련 스트레스를 감소시키는 데 도움을 주기 위해 메리 프렌더개스트가 만든 마음챙김 프로그램이다. 이 프로그램은 존 카밧 진(John Kabat Zinn)의 마음챙김 수행의 틀을 기반으로 한다.

- **질문하기**(Question): 오늘날 서비스의 질을 강조하고 있는데, 건강관리 전문가는 어떻게 하면 환자에게 최상의 돌봄을 제공함과 동시에 개인적으로도 이러한 돌봄의 일을 통해서 풍요로움과 지지를 받는다고 느낄 수 있을까? 어떻게 하면 건강관리 전문가가 단지 살아남기 위해서만 일하는 것이 아니라 그 일을 통해 성장할 수 있을까?

- **응답하기**(Response): 스트레스 해소와 회복탄력성 구축을 위한 다양한 전략과 기법[예: 이완 기술, 생활양식 관리, 스트레스 매핑(stress mapping)]을 개발한다.

- **행동하기**(Action): 회복의 12단계는 제한된 집단원들과의 1일 프로그램을 통해 개인과 팀의 건강관리 발달에서 놓쳤던 중요한 부분을 다루는 것이다. 이러한 1일 프로그램의 목적은 임상 실무자로 하여금 자신의 역할을 강화하고 유지하기 위해 필요로 하는 관련 학습과 기술을 제공하는 것이다. 프로그램을 통해 참여자들은 마음챙김과 자각의 기술을 사용하고, 자기돌봄과 서로를 위한 보살핌을 가능하게 하는 자원과 기술을 개발함으로써 개인 내적인 공간을 개발할 수 있다. 이는 자비에 기반한 틀이 탐색될 수 있는 풍요롭고 지지적인 환경을 조성하는 데 기여할 것이다.

프로그램이 진행되는 동안, 임상실무자들은 가장 어려운 상황에서 타고난 자원과 능력에 접근하는 것에 대해 매우 불안해했다. 가장 흥미로운 훈련 중 하나는 임상실무자로 하여금 가족과 우정이 어떻게 우리를 지탱하고 있는지를 성찰하고 문제를 해결하기 위해 사용하는 메커니즘을 탐색하게 한 다음, 스트레스 상황에서 우

울한 기분, 반추, 수면 장애를 일으킬 수 있는 촉발요인들을 이해하
도록 돕는 것이었다. 12단계 회복 프로그램 동안 집단 촉진자들은
임상실무자들이 스트레스 상황과 긍정적인 경험을 연결시켜서 자
율적이고 자신감 있고 통제감을 유지할 수 있도록 했다. 어떤 훈련
회기에서 한 임상실무자는 동료들과 신뢰할 만한 관계를 형성하려
할 때 겪었던 어려움에 대해 용기 있게 공개했다. 이 프로그램은 동
료들로부터 받는 유용하고 지지적인 제안 외에도, 직장에서의 스
트레스와 어려움에 대한 자각이 마음/몸 프로세스에 어떻게 영향
을 미치는지에 대한 통찰을 탐색하고 발전시키게 한다. 이 프로그
램은 임상실무자로 하여금 환자중심적 돌봄 욕구에 대한 인식을
형성하게 하고, 작업환경의 도전과제와 개인적 · 전문가적 도전과
제에 대해 보다 통합된 접근 방식을 취하게 한다.

12단계 회복 프로그램은 임상실무자의 업무 수행을 향상시키고
치료 기술을 개발하도록 돕는 데 있어 영향력 있는 방법이다. 즉,
프로그램에 참여한 임상실무자들은 그들의 안녕에 영향을 미치는
주제들(예: 분노, 부정, 충족되지 않는 감정, 가족 및 직업상의 문제 등)
을 다루고, 그들을 필요로 하는 사람들과 실제로 함께할 수 있는 능
력을 향상시킬 수 있었다.

타고난 지혜

지혜의 나무

나무는 아일랜드 문화에서 아주 중요한 상징적 의미를 지닌다.

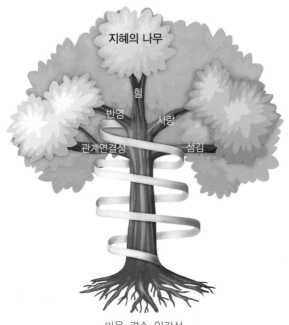

[그림 5-2] 지혜의 나무

ⓒ Mary Prendergast

옛 아일랜드 속담에 "나무는 땅에도 가깝고 하늘에도 가깝다."라는 말이 있다. 이야기치료에서 우리는 충격적이고 파괴적인 폭풍으로 인해 나뭇잎과 가지들이 떨어져 나가지만 자신의 힘을 알고 폭풍을 견뎌 내는 나무의 이야기를 만들어 낼 수 있다(Denborough, 2008 참조).

나무에 대한 상징적 의미는 에너지와 치유에 기반을 두고 있다. 나무가 대지에 뿌리를 깊게 내리고 있는 것처럼, 건강관리기관은 임상실무를 하면서 취득한 지식과 유능성이 녹아 있는 많은 기술에 토대를 두고 있다. 나무의 손상된 껍질은 부정성, 잘못된 태도,

강압적 개입과 권력의 남용 등을 상징하는데, 이를 방치하면 어떤 조직이든지 피해를 입게 될 것이다. 건강한 껍질을 가진 나무는 긍정성과 진정성을 상징한다.

우리는 매 순간 긍정적이고 최선을 다하기로 선택할 수 있다. 우리는 주변 환경을 치유의 공간으로 변화시킬 수 있다. 감사가 존재하는 환경에는 온화함과 친절함이 있다. 마음에서 겸손과 인간성의 가치를 채택함으로써 우리는 긍정적으로 발전하는 에너지를 창출할 수 있다.

나무의 다섯 가지는 인간 상호작용의 다섯 가지 덕목을 상징한다. 이는 관계연결성, 반영, 힘, 사랑, 섬김인데, 모두 보살피는 대화, 반영적 임상 실제와 실천학습에서 활용되고 있다.

우리처럼 나무도 선천적인 자질이 있기 때문에 폭풍을 견뎌 낼 수 있다. 폭풍이 몰아칠 때마다 우리는 나무의 잎들처럼 더 적응적이고 새로워지는 것을 배운다.

유능하게 개입하기

개입의 치유 순간

환자에게 어떻게 개입하는지를 배우는 것이 핵심이다. 환자를 돌볼 때 관계연결성을 이해하는 것은 중요하다. 환자와 돌보는 사람 둘 다 가장 진심 어린 방식으로 관계를 맺는다.

돌봄은 온화함, 깊은 신뢰, 자비, 존중의 공간에서 주고받는다. 힘, 사랑, 유능성, 영성이 하나로 얽혀 있는 특별하고 친밀한 돌봄

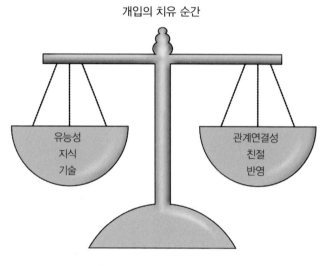

[그림 5-3] 개입의 치유 순간
ⓒ Mary Prendergast

의 경험이 있다. 우리는 얼마나 자주 우리가 맺는 관계에 대해서 생각해 보는가? 치유적 개입의 순간에 발을 들여놓는 것은 하나의 영광이자 특권이다. 치유의 기술은 관계와 사랑을 통해 길러진다.

나는 몇 주 전에 어떤 환자가 입원해 있던 병원을 방문한 적이 있다. 임상실무자들은 그 환자와 관계를 맺으려고 온갖 노력을 다하고 있었다. 임상실무자들은 서서히 환자와의 신뢰와 관계연결성을 구축하고 있었다. 하지만 임상실무자들은 환자의 삶을 바꿔 놓은 치명적인 뇌혈관성 치매로 인해 이 환자가 겪고 있는 강렬한 슬픔에 대해서도 느끼고 있었다. 그래서 그들은 이 환자의 자존감을 회복시키기 위해 가능한 모든 전문적인 접근법을 시도해 보기로 결심했다. 며칠 후에 나는 이 환자의 아들과 말을 할 기회가 생겼다. 아들은 아버지가 보여 준 슬픔과 삶에 대한 무심함에 낙담했고, 나는 시간을 내서 그의 아버지(환자)의 삶과 사랑에 대해 그와 이야기를 나누었다. 그의 아버지는 운동과 아이들 그리고 독서를 좋아하던 초등학교 교사였다. 더 깊은 이야기로 들어가자 그의 아버지가 종종 시를 썼다는 사실도 알게 되었다. 최고의 시는 가장 슬픈 마음도 치료해 줄 수 있고 우리 모두를 기쁨과 치유의 공간으로 데려갈수 있다. 우리는 아들과 가족이 매일 저녁 아버지에게 시를 읽어 줄 것을 부탁했다. 나는 아들에게 아버지가 자신의 시를 읽을 때 어떤 것이든지 녹음해 보라고 알려 주었다. 이러한 경험을 통해 아버지(환자)는 삶의 의미와 목적을 찾음으로써 자율성과 통제력을 회복하게 되었다.

시행착오 후에 이 환자는 자신의 창의성을 재발견하게 되었다. 즉, 타인과의 상호의존성을 통해 자신의 창의성을 발현하게 된 것이다. 개입이 실질적이고 구체적일 때 치유는 확연해진다. 임상실무자의 유능함과 기술, 지식과 함께 친절함, 관계연결성 그리고 환자에게 가장 중요한 것이 무엇인지를 반영할 수 있을 때, 치유적인 개입의 순간이 발생한다.

의식적 돌봄–협력과 리더십이 함께하는 평화로운 환경 조성

의식적 돌봄 프로그램(Conscious Caring Programme)은 내가 성 패트릭 병원에서 개발했고, 이제는 다른 곳에서도 활용되고 있는 수련 프로그램이다. 이 프로그램은 세 가지 학습 요소로 나뉘는데, 여기에는 평화로운 근무환경 만들기, 건강관리 환경에서의 협업,

리더십이 포함된다. 자비에 기반한 리더십과 의식적 돌봄은 보살핌, 치료, 서비스의 질과 안전성에 대한 신뢰를 보장하는 데 기여한다. 높은 수준의 돌봄을 일관성 있게 보장하고 최고 수준의 서비스를 제공하고자 노력한다는 강력한 언급은 환자들에게 믿음을 준다. 자비에 기반한 리더십과 의식적 돌봄 프로그램은 인간 중심적 돌봄의 측면에서 최상의 임상실무를 실천하도록 도와준다. 자비에 기반한 리더십과 의식적 돌봄이 만개할 수 있는 지지적인 환경을 만들기 위해 임상실무자를 지원할 수 있는 여덟 개의 중요한 질문이 있는데, 이는 다음과 같다.

- 자비란 무엇이고, 우리는 자비를 어떻게 가르치는가?
- 임상실무자는 실제적으로 무엇을 할 수 있는가?
- 우리는 어떻게 자비에 기반한 접근법을 통해 보다 의식적인 돌봄의 방식으로 환자를 돌보고 있는가?
- 우리는 임상 실제에서 자비에 기반한 리더십을 어떻게 보여 주는가?
- 자비에 기반한 접근은 환자 돌봄에 어떤 영향을 미치는가?
- 임상실무에 영향을 미치는 가치들은 무엇인가?
- 몸, 마음, 영적인 면에서 회복이 일어난 부분은 어디인가?
- 마음챙김을 할 수 있는 편안한 장소가 있는가?

임상 실제에서의 자비의 영향

사고(생각)는 삶이라는 건물의 벽돌과 같은 것이다. 모든 것은 사고와 함께 시작된다. 우리가 열망하는 생각에 열정을 더하면, 우리는 영향력 있는 삶의 방법을 발견하게 된다. 모든 탑은 상상력이라는 경쾌한 주름들 속에 있는 의식적 생각에서 시작한다. 그다음에는 우리의 지평을 확장시키고 바라는 결과를 얻기 위해 그림을 그려 내는 건축가와 기술자가 터를 잡는다. 우리는 자비에 기반한 접근법을 촉발시켜 열망과 자신감을 가지고 자신과 타인을 돌보아야 하며, 더 높은 수준에서의 의식적 깨달음의 경지로 뻗어 나가는 것을 목표로 해야 한다. 환자와 돌보는 사람 간의 놀라운 정신적인 연결 덕분에 근본적인 반영적 창조과정을 시작할 수 있게 된다. 친절함은 냉담한 장벽을 녹이고, 우리가 따뜻한 마음을 가지고 전진하게 한다. 이러한 따뜻한 마음은 우리로 하여금 역량을 강화시켜 앞에 놓인 도전을 감당하게 한다. 우리는 고립감을 느끼지 않는다.

임상실무자들이 가진 능력과 관심 그리고 재능들을 활용하면 협력은 더 공고화된다. 협력은 권력투쟁과 갈등 그리고 경쟁을 제거해 준다. 이러한 협력은 조화와 함께함을 촉진시키며 각자의 최선을 이끌어 낸다. 서로 무엇을 도와줄 수 있는지를 찾아내고 탐색하는 과정을 통해서 우리는 단결하게 된다. 자비를 나누는 태도는 행복을 창조해 내는 노력으로, 모든 임상실무자와 환자에게 똑같이 이롭다. 행복감은 작업환경에서 중요하다. 왜냐하면 행복감은 원하는 결과를 성취하는 데 도움이 되기 때문이다. '안녕'이라는 주제는 본래 수행 연구에서 환영받았다. 연구에 따르면 자율성과 의미 그리고 좋은 관계는 직장에서 귀중한 자산일 뿐만 아니라 우리의 개인사에서도 이루어져야 하는 부분이다(Seligman, 2011). 셀리그만(Seligman)의 PERMA 모델(2011)과 같은 몇몇 모델에서는 삶의 만족에 기여하는 핵심 영역이 긍정적 정서, 참여, 의미, 목적이라고 명명해 왔다. 따라서 자비를 건강관리기관의 핵심 철학으로 삼고 이러한 자비 철학으로 임상실무자와 환자를 대하는 것이 합리적일 것이다. 리더가 동반자 의식을 가지고 책임을 다할 때 임상실무자는 충분히 만족해하고 보호받는 느낌을 받으면서 발전적 행로로 인도된다고 느낄 것이다.

> 우리를 행복하게 해 주고 인정해 주는 사람들에게 감사함을 느끼자. 그들은 우리의 영혼이 만개하도록 만들어 주는 매력적인 정원사들이다.
>
> ─마르셀 프루스트(Marcel Proust)─

'이러한 개념들이 어떻게 자비에 기반한 임상 실제에 영향을 주는가?'라는 의문은 여전히 남는다.

이러한 개념들은 임상실무자로 하여금 자신의 업무에서 심오한 의미와 목적을 발견하기 위해 여러 모델을 활용할 수 있게 도와준다. 이 개념들은 잠재력에 불을 붙여서 자비에 기반한 임상 실제와 관련 있는 새로운 생각들을 창의적으로 탐색하도록 이끈다. 전문가이자 전인적 인간으로서 우리는 신뢰할 수 있고 반응적인 방식으로 이해하고 의사결정을 해야 한다. 그리고 우리는 임상실무자들이 더 안전하고 건강하고 행복한 방식으로 기능하고, 분별력을 발휘하여 상황에 대한 직관을 가지고 반응할 수 있도록 도울 필요가 있다. 창의성은 모험과 변화의 에너지이다. 창의성은 새로운 아이디어와 영감을 생겨나게 한다. 자비는 근무환경에서 생겨나는 하나의 표현이자 헌신이다. 즉, 자비는 대인관계와 과업에서 핵심이 된다. 자비는 그 어떤 열정적인 깨달음보다 더 강력하기 때문이다.

긍정적 탐색

조직이 지향하고자 하는 가치에 초점을 맞추면, 환자 중심 치료가 이루어지며 모든 관련 사항은 이러한 가치를 중심으로 정렬화될 것이다. 환자의 필요에 부합하며 임상실무자가 희망을 가지고 열정적이고 정직하게 헌신할 수 있는 최선의 돌봄 서비스 방법을 결정해야 한다. 건강관리기관들은 '어떻게 최선의 성과를 도출하는 데 1%라도 더 가까워질 수 있을까?'와 같은 질문을 던지는 경우가 많다. 어려움을 재치 있게 잘 헤쳐 나가 변화가 잘 자리 잡았다면, 모든 이가 편안하고 효율적이라고 느껴야 한다. 헌신적인 임상실무자는 실패에 머무르지 않고 과정 속에서 긍정적인 면들을 볼 것이다. 기관에서 자비를 향상시켜 줄 수 있는 유용한 요소들이 발견된다면, 우리는 그러한 요소들을 활용해야 한다. 성취된 것에 대한 감사가 중요하다. 우리 모두는 승자처럼 느끼고 싶고 실패에 깎여 나가기를 원하지 않는다. 우리는 하나의 팀으로서 협력하면서 함께 헌신해야 한다. 서비스와 환자들을 변화시키는 선량한 사람들의 노고를 인정해야 한다. 그렇게 함으로써 우리는 위험을 이해하지만 보상에도 초점을 맞추고, 실수로부터 배우고, 단선적인 생각을 피하게 된다. 임상실무자들은 환자의 더 나은 성과와 향상에 초점을 둔 계획을 수립하게 된다. 관계연결성과 반영은 환자에게 제공되는 돌봄 서비스의 핵심 부분이다. '다음에 어떤 다른 돌봄 서비스를 제공할까?'라는 질문은 환자들과 임상실무자들 간의 소통 과정을 통해서 해답을 찾아가게 될 것이다.

'꾸짖지도 않고 비난하지도 않고 그저 참여할 뿐'이라는 구절은 항상 자신감을 높여 주는 효과가 있다. 우리 팀이 업무를 벤치마킹한 일은 질적 측면에서 이익이 있었다. 하지만 자신의 가치와 팀의 활력을 지원해 줄 때 영향력과 문제해결 면에서 엄청난 성과가 이루어졌다. 우리는 타인을 치료하고 보살핌으로써 인생이라는 경기에서 금메달을 따는 것이다. 우리는 다른 이들보다 덜 똑똑한 것에 대해 우리 자신을 용서하고, 큰 변화를 일구어 내는 친절한 행동을 수행해 나갈 수 있다. 자비로운 돌봄을 말과 행동으로 표현하고 진정으로 인간성에 가치를 두는 임상실무자가 된다는 것은 하나의 특권이다.

결론

건강관리기관이 자비에 기반한 실무를 진행하는 데 있어서 중요한 것은 살아 있는 생생한 가치가 내포되어 있는 철학에 기반하는 것이다. 넬슨 만델라(Nelson Mandela)는 "당신의 선택에 당신의 두려움이 아닌 희망을 반영시키라."라고 말했다. 우리는 임상실무자가 자기를 돌보고, 공감피로, 소진, 스트레스를 키우지 않도록 보살필 필요가 있다. 진정한 자비로운 돌봄은 돌봄 제공 방법이 반영된 자기역량강화 모델(self-empowering model)을 촉진시키는 것이다. 자비는 마음속에 자리하고 있다. 자비는 환자의 마음속에 존재하고 있는 영감이다. 일하는 방식에 자비로운 돌봄이 투여되려면, 이는 특별한 예가 아닌 규준이 되어야 한다. 틱낫한(Thich Nhat Hanh, 베트남의 승려, 평화운동가)은 "당신이 누군가를 돌볼 때 당신이 줄 수 있는 최선은 당신 자신이다."라고 언급한다. 우리는 우리가 대접받고 싶은 방식으로 타인을 대접할 필요가 있다. 스스로에게 기꺼이 줄 수 있는 것만 다른 사람에게 요청하라. 힘들 때는 인생과 살아감의 근원을 되돌아보는 것이 필요하다. 우리는 전문가적인 삶과 개인적인 삶을 당연하게 여겨서는 안 된다. 깊이 숨을 들이마시고, 눈을 들어 위를 보고, 마음으로 사랑하고, 더 쉽게 용서하고, 우아하게 앞으로 나아가자.

참고문헌

Denborough, D. (2008). *Collective Narrative Practice: Responding to Individuals, Groups, and Communities who have Experienced Trauma*. Adelaide: Dulwich Centre Publications.

Nhat Hanh, T. (2006). *Understanding Our Mind: Fifty Verses on Buddhist Psychology*. California: Parallax Press.

Seligman, M. (2011). *Flourish: A Visionary New Understanding of Happiness and Well-being*. New York: Free Press.

St Patrick's Hospital Patient Satisfaction Survey (2014). *Annual Review of St Patrick's Mental Health Services Outcomes*. Available at: www.stpatricks.ie/sites/default/files/Outcomes%20Report%202014.pdf, accessed on 5 April 2017.

제6장

삶을 변화시키는 자비에 기반한 실천

● ● ● ● ● ●

에디스 매킨토시(Edith Macintosh), 재활 컨설턴트 및 작업치료사

나는 스코틀랜드의 돌봄 서비스 감사기구에서 일하는 재활 컨설턴트로서 사회복지 분야의 개선을 위해 노력하고 있다. 내 역할은 돌봄을 받는 사람, 돌봄을 제공하는 임상실무자에게 중요한 것이 무엇인지, 그들의 희망, 꿈, 야망을 성취하는 데 방해되는 문제가 무엇인지 발견하고 해결하도록 돕는 일이다. 나는 많은 파트너와 함께 무엇을 개선해야 하는지, 개선방안을 잘 실행할 수 있을지에 대해 지속적으로 효과적인 대화를 나누고 있다.

이 장에서는 자비에 대한 나의 생각, 자비를 나눈 개인적인 경험, 자비의 영향을 어떻게 받았는지와 자비가 지난 몇 년간 타인에 대한 접근법으로서 어떻게 형성되어 왔는지에 대해 이야기하고자 한다.

내 업무 중 일부는 보건 및 사회복지 정책에 관여하고, 지역사회, 국내·국제사회에서 보건 분야의 우수한 실무를 촉진하는 것이다. 또한 나는 다른 조직들과 협력하면서 스코틀랜드 전역의 보건 분야에 대한 교육 개선방안을 개발하여 이 분야 스태프들의 능력과 역량을 구축하고, 궁극적으로는 보건 서비스의 질을 향상시킬 수 있도록 돕고 있다. 나는 상황에 굴하지 않고 삶에 의미와 목적을 부여하며 자기 존재를 유지하려는 사람들을 돕고자 했다. 이러한 나의 바람이 있었기에 이 일에 대한 열정을 계속 유지할 수 있었다. 나에게 자비란 사람이나 상황에 희망을 심어 주는 것이다.

나는 우리에게 희망이 있다면, 쉽게 말해 매일 아침에 일어날 이유가 있다면, 질병이나 장애에도 불구하고 삶을 잘 살아갈 수 있는 회복탄력성을 쌓는 데 도움이 된다고 믿는다.

우리 모두는 인생에서 목표가 필요하다. 우리에게 중요하고 동기를 불러일으키는 어떤 것이 목표가 된다. 어떤 사람들은 자기에게 무엇이 중요하고 동기로 작용하는지 잘 알 것이다. 어쨌든 이것은 변함없는 사실이다! 만일 우리가 초점과 동력을 잃는다면, 힘든 일이 있을 때 좋은 상황이 곧 다가오고 다시 회복할 수 있으리라는 희망을 갖기 어려울 수 있다.

삶에서 참여는 매우 중요하다. 이는 우리의 시민의식―내가 믿기로는 우리 모두에게 내재된 욕구인 소속감―을 강화시켜 준다. 삶에서의 참여는 우리가 사회의 한 일원이 되어서 역할, 선택, 권리를 행사할 수 있도록 도와준다. 또한 참여는 우리가 사회에 기여한 바가 인정받고 가치 있게 평가될 수 있도록 도와준다. 스코틀랜드 전역의 사회복지 분야에서 나는 이러한 자비로운 감정 반응을 보이는 사람들을 목격한다. 그들은 어떤 식으로든 자기 초점에서 벗어나 선뜻 자신을 내어 줄 때 자신에게 어떤 욕구가 있는지 인식한다. 즉, 그들의 지지를 필요로 하는 사람들에게 계속해서 살아갈 만한 가치 있는 삶을 만들어 주고자 하는 욕구가 있는 것이다. 배려하는 공동체의 진정한 자비로운 반응인 것이다.

이 장을 준비하면서, 나는 친구와 동료들에게 "자비라는 단어를 들을 때 무엇이 느껴지고 어떤 의미로 와닿나요?"와 같이 질문했다. 대규모의 국가적 재난에 대응하고 인간의 고통을 덜어 주거나, 누군가를 안심시키고 자신감을 심어 주며 함께 힘든 길을 걷는 것과 같은 아주 다양한 답변이 돌아왔다. 어떤 사람은 자비가 누군가를 알면서 형성되는 정서 반응이라고 했고, 또 다른 사람은 자비가 자발적인 본능에서 나오는 반응이라고 했다. 이러한 다양한 답변 중에 옳고 그른 답은 없다. 그렇지 않은가? 자비를 주고받는 경험은 누구나 조금씩 다를 것이고, 그 경험에 대한 정서적 기반도 다를 것이다. 어떤 사람은 자비가 최고의 인간 미덕이라고 말한다. 달라이 라마(Dalai Lama)는 "자비는 사치가 아닌 필수품"이라고 말한 적이 있는데(Lama & Cutler, 1998), 이 말이 진리인 것 같다. 곰곰이 생각해 보면, 자비가 '사랑'이나 '행위로 표출되는 사랑'과 비슷한 것은 아닌가 싶다. 나는 우리 모두가 사랑을 받고 사랑을 베풀 필요가 있다고 제안하고 싶다. 나는 사랑과 자비가 없는 세상에서 살고 싶지 않다!

작업치료사로 일하면서 보낸 세월을 돌아보면, 특정 환자에게 더 강한 자비를 느꼈던 특별한 경우가 떠오른다. 기적을 행하고 상황을 더 좋게 변화시킬 수 있기를 바라는 그 강렬하고 진심 어린 갈망! 사람이나 상황과 관련해 상심하는 일이 생길 때, 우리는 종종 자비 반응의 일부로 무력감을 느낀다.

내가 아주 어렸을 적에 가까운 친척 부부가 예쁜 여자 아기를 얻는 축복을 받았다. 그 부부는 이 인생의 선물을 오랫동안 기다려 왔다. 아기는 사랑스러웠다. 모두가 어린 캐런(Karen)을 사랑했다. 그런데 캐런은 6세 때 죽었다. 캐런은 암에 걸렸던 것이다. 그 누구도 이 일을 믿을 수 없었다. 캐런의 부모는 그토록 오래 기다렸던 아이를 잃은 슬픔에 마음이 찢어질 듯 아팠지만, 자신들이 겪고 있는 슬픔을 이겨 내려는 강한 믿음을 가질 정도로 용기가 있었다. 그 일이 일어났을 때, 나는 겨우 11세에 지나지 않았다. 하지만 단지 캐런의 죽음뿐만 아니라 그 부모의 삶과 가슴속에 남겨진 엄청난 상처 때문에 내가 느꼈던 깊은 슬픔을 아직도 기억한다. 나는 내가 상황을 더 나아지게 할 수 없다는 사실에 상당히 혼란스러웠다. 이 일이 아마도 타인의 고통과 슬픔에 대해 그토록 강한 반응을 느꼈던 나의 첫 경험이었을 것이다.

임상가로서 내가 느끼는 자비는 특히 예기치 못한 치명적인 질병을 앓고 있는 환자의 고통과 슬픔을 느끼는 것이라고 말하고 싶다. 내 환자 중 한 명은 중년의 건강한 남자였다. 그는 네덜란드를 떠나 스코틀랜드에서 휴가를 보내던 중에 뇌졸중으로 쓰러졌다. 그는 이전에 건강 문제가 없었고, 운동을 즐겼으며, 장거리 트럭 운전사라는 자신의 직업을 매우 좋아했다. 그의 삶은 순식간에 바뀌었다. 그는 전적으로 다른 사람에게 의존했고, 희망 대신 미래에 대한 두려움으로 가득 차 있었다. 그는 일을 할 수 없고, 심지어 다시는 스스로를 돌볼 수조차 없을까 봐 불안해했다. 그리고 상당히 우울해했다. 나는 그의 재활 초기를 똑똑히 기억한다. 우리는 오른팔 기능을 회복시키기 위한 치료 작업을 진행하고 있었다. 그는 정말 우울했고, 나는 그의 슬픔과 고통을 거두어 주고 싶었다. 회기가 진행되면서 우리는 미래에 대한 희망과 그가 무엇을 하고 싶어 하는 지에 대해 함께 이야기를 나누었고, 희망의 문을 열어 줄 열쇠를 찾 으려고 노력했다. 그 회기는 끝났고, 그에게서 거의 변화를 찾아보 기 힘들었다. 하지만 그날 늦게 그를 다시 방문했을 때, 나는 완전 히 달라진 그를 발견했다! 그는 들떠 있었고, 팔과 손이 조금씩 다 시 움직이기 시작했다. 그는 내가 기적을 만들었다고 생각했다. 물 론 그렇지 않다. 하지만 자비를 나누고 그가 자기 삶의 목적과 미래 에 대한 희망을 볼 수 있도록 도와주었던 이러한 자비 경험이 어떻 게 그러한 생리학적 변화를 만들었는지 종종 궁금하기는 하다. 그 날 이후 치유는 시작되었고, 그는 결국 독립적이고 성취감을 느끼 는 삶을 회복하였다.

최근 몇 년 동안 나는 HIV와 C형 간염에 감염된 사람들을 돕는 자선단체의 자원봉사자로 일하고 있다. 그곳에서 40여 년 동안 여 러 가지 개인적·가족적 문제를 겪고 이로 인해 마약과 알코올에 손을 댔던 한 젊은 여성과 만났다. 우리는 친구가 되었다. 처음에 나는 그녀를 구해 내기 위해 그녀의 삶을 되돌리려고 노력했다. 그 녀와 많은 시간 함께 이야기를 나눈 후, 나는 그녀가 삶에서 필요로 하는 것은 바로 있는 그대로 사랑받고 받아들여지는 경험이라는 것을 깨달았다. 그녀는 자신의 인생을 실패와 나쁜 결정으로 점철 된 삶이라고 묘사했다. 또한 그녀는 이러한 냉혹한 현실이 그녀로 하여금 죽음의 위기에 처하게 할 정도로 건강과 안녕에 해로운 영 향을 미쳤다는 것도 잘 알고 있었다. 그녀가 추구했던 자비는 자신 을 유지하는 데 도움을 줄 수 있는 자비, 정체성을 손상시키지 않도 록 보호해 주는 자비였다. 그녀는 좋아하는 음악 CD를 사러 가는 일, 커피 약속이나 점심 약속에 가는 일, 언젠가 하고 싶은 일에 대

해 이야기하는 일, 내 생활과 가족 이야기를 듣는 일을 가장 좋아했
다. 그녀는 나에게 정말 함께하기를 고대한다고 말했다. 종종 일상
에서 벗어나 오히려 내가 그녀의 보살핌을 더 받는다고 느끼면서
그녀와 함께 수없이 커피를 마시며 수다를 떨었다. 나는 그 시간 동
안 우리가 자비를 실천하고 나누었다고 믿고 있다.

　종종 왜 내가 이 두 사람에게 그토록 자비를 느꼈는지 궁금해진
다. 무력감을 느꼈고 희망을 되찾고 싶었기 때문일까? 나는 그들의
모든 야망이 성취될 수 있는 밝은 미래를 원했다. 단지 임상적·피
상적 반응이 아닌 마음에서 느껴지는 반응으로 그들과 특별한 연
결감을 가졌기 때문일까? 그들이 나를 대했던 태도 때문이었을까?
그들은 나를 신뢰했고 내가 그들의 최선의 이익을 염두에 두고 있
다는 것을 알고 있었다. 아마도 이 모든 것 이상일 것이다.

　신체적으로나 인지적으로 더 취약한 사람들에게는 기본적인 돌
봄을 제공하는 것이 중요하다. 이들에게는 음식과 음료를 섭취하고
깨끗하고 적절하게 옷을 입는 것이 필요하다. 어떤 사람들에게는
약물치료, 상처관리와 같은 것들이 살아가는 데 중대한 문제일 수
있다. 하지만 자비 없이는 공허하다. 자비가 없다면, 누군가를 위
해 더 나은 삶을 만들어 주거나 그들의 권리, 존엄성, 선택을 존중하
려는 어떠한 관계 맺음도 기계적으로 행동하는 것이나 마찬가지이
다. 자비는 돌봄 경험을 최대로 향상시키는 데 있어 필수적이다. 자
비는 새롭게 재검토된 스코틀랜드의 국가 돌봄 기준(National Care
Standards) 원리에 포함되어 있다. 돌봄을 담당하는 임상실무자들
은 당연히 자신이 지원하는 사람들의 욕구와 바람을 이해하고 이
에 민감하게 반응할 것이라는 기대가 있는 것 같다. 돌봄은 항상 따
뜻하고, 양육적이며, 지지적이어야 한다. 그리고 돌봄 제공자는 돕

고자 하는 진정한 열망을 가져야 한다. 돌봄을 잘 수행하려면 돌보고자 하는 이들이 누구인지 실제로 알아야 한다. 예를 들어, 그들이 좋아하는 것과 싫어하는 것, 그들의 욕구, 그들에게 동기를 부여하는 것, 그들에게 의미 있는 참여, 그들의 삶에서 중요한 사람들 등을 알아보는 것이다.

나는 '매 순간을 소중하게 여기기(Make Every Moment Count)' (Care Inspectorate, 2013)라는 전략을 사용하여 도움을 받았다. 자비에 기반한 접근은 실제로 도움이 되는 치료 도구라고 칭할 수 있다. '매 순간을 소중하게 여기기'는 돌봄 담당 임상실무자를 위한 간단한 지침으로, 자신이 돌보는 사람들이 일상을 즐기고 일상에 참여하도록 지지할 수 있는 가이드를 제공한다. 이 지침은 보건사회복지 전반에 걸쳐 돌봄 담당 임상실무자와 다른 전문가 집단의 의견을 바탕으로 만들어졌다. 임상실무자들은 대부분 돌보는 일에 능숙함을 느끼고 있었다. 하지만 그들은 또한 돌봄 과정의 중요한 요소를 진정으로 상기할 필요가 있다. 즉, 사람들에게 최상의 돌봄 경험을 제공하고 좋은 개인적 결과를 성취하게 하기 위해서는 질적으로 높은 상호작용이 필요하다. 어떤 상황에서든 발생하는 모든 상호작용은 중요하며, 우리가 타인과 교류할 때 취하는 접근은 누군가의 삶에 좋든 나쁘든 의미 있는 영향을 준다. 우리가 하는 모든 활동에서 타인과의 상호작용은 일어난다. 우리가 하는 활동이 씻는 것을 돕는 것이든, 옷 입는 것을 돕는 것이든, 차 한 잔을 대접하는 것이든, 방을 지나치면서 눈맞춤을 하는 것이든 말이다. 여러분은 양질의 상호작용을 통해 누군가의 삶의 질과 즐거움, 그리고 실제로 삶이 가져다주는 도전에 대처할 수 있는 회복탄력성에 중요한 영향을 미칠 수 있다. 우리의 상호작용이 더 나은 삶을 만들고

자 하는 사람들의 진정한 욕구에서 나온 자비에 기반한다면, 이는 강력하다. 나는 부정적이거나 긍정적인 상호작용과 그에 따른 결과를 보아 왔다. 긍정적인 상호작용 덕분에 사람들이 과거에 가졌던 열정과 흥미를 다시 찾게 되거나 좀 더 독립적으로 생활을 하게 되었다. 사람들과의 질적인 상호작용을 통하여 그들이 지역사회와 다시 연결되고 다시 사회의 일부가 될 수 있도록 도왔다. 돌봄을 받는 사람과 생의 마지막 순간까지 함께해 주었던 간병인들을 알고 있다. 간병인들은 돌봄을 받는 사람과의 특별한 연결감 때문에 마지막에 함께 있는 것이 그 사람에게 얼마나 중요한지를 알고 있었다. 나는 다정한 분위기 속에서 누군가와 함께 아무 말 없이 앉아 그 순간을 함께한다는 것 자체의 소중함을 알게 되었다. 이는 마지막 순간까지 사람들에게 삶을 즐길 수 있는 능력을 부여하는 양질의 자비에 기반한 상호작용인 것이다.

이렇게 자비로운 방식으로 누군가를 돌보는 사람의 경우, 스스로는 어떤 경험을 하게 될까? 나의 경험을 떠올려 보면 수많은 느낌과 정서가 불러일으켜진다. 나는 나 자신이 '누군가를 잘 도왔다'고 종종 스스로를 위로하면서 진정한 성취감과 만족감을 느끼곤 했다. 만일 나의 자비 실천이 누군가에게 예상치 못한 영향을 미친다면, 이는 돌봄을 주는 사람이 느끼는 강력한 정서적 경험이 될 수 있다. 예를 들어, 누군가에게 평소 같으면 할 수 없었을 상호작용을 하게 하거나, 인생에서 이때까지 경험해 보지 못한 좋은 경험을 하도록 도왔을 때 강력한 정서 경험을 할 수 있다. 자비를 제공하는 사람들은 종종 그들이 느낀 강력한 자비에 따라 행동한다. 이로 인해 자비를 제공하는 사람은 타인의 삶이나 상황에 잠시 또는 더 오랫동안 긍정적인 변화를 일으키는 데 기여하여 결과적으로 좋은 기분을 느낀다.

비록 자비에 '행동(doing)'의 요소가 내포되어 있지만, 일반적으로 자비는 사람이나 상황에 대한 정서적 · 직감적 반응이다. 자비의 모델이 되는 좋은 사례는 많다. 모든 사람을 향한 하나님의 자비 이야기가 그 예이다. 예수님은 십자가에 매달린 채로 그의 곁에서 죽어 가던 죄 많은 도둑에게조차도 자비를 베풀었다. 테레사 수녀(Mother Teresa)는 불우한 사람들을 돕는 데 일생을 바쳤다. 다음은 그녀가 한 유명한 말이다. "주어라. 하지만 아플 때까지 주어라."(González-Balado, 1998) 최근 나는 아툴 가완디(Atul Gawande, 2014)의 『어떻게 죽을 것인가(Being Mortal)』라는 책을 읽었다. 이 책에서 그는 노화, 약함, 죽음을 병으로 받아들이는 우리의 죄에 대해 놀랍고도 영감적으로 써 내려가고 있다. 그는 흔히 사람들이 노화와 죽음을 고치려고 애쓴다고 말한다. 그는 보건사회복지 전문가들뿐만 아니라 사회 전반이 사람들로 하여금 삶을 충분히 즐기고 자신에게 중요한 것을 경험하도록 해야 한다고 언급한다.

가완디는 다음과 같이 말한다.

> 우리가 원하는 것은 단지 자신의 이야기를 쓰는 작가가 되는 것뿐이다. 그 이야기는 항상 변화한다. 삶의 과정에서 상상할 수 없는 어려움에 직면할 수도 있다. 관심사와 욕구가 바뀔지도 모른다. 하지만 어떤 일이 일어나든 우리는 자신의 성격과 신조에 따라 삶을 만들어 갈 수 있는 자유를 유지하고 싶어 한다(2004, p. 42).

나는 아주 많은 사람을 만났는데, 특히 고령과 건강 문제에도 불구하고 사회에 공헌하고 재미있는 시간을 보내며 인생을 즐기고 싶어 하는 사람들을 많이 만났다. 최근 나는 요양원에 거주하는 치매에 걸린 한 여성을 만났는데, 그녀는 '골디락스와 곰 세 마리(Goldilocks and Three Bears)' 이야기를 각색한 팬터마임 대본을 썼고, 요양원 가족들은 그 대본에 따라 팬터마임 공연을 하였다. 그들은 모두 치매 환자였고, 최고령자는 101세였다. 삶의 질적 측면에서 그 일이 미친 영향은 엄청났다. 그들은 리허설을 하는 것, 새로운 사람들을 만나는 것, 우정을 쌓는 것, 매일 일어나야 할 이유가 있는 것과 같은 모든 재미있는 것에 대해 이야기를 나누었다.

지난 몇 년 동안 스코틀랜드 보건 분야에서 신체 활동을 장려하는 것에 대한 관심이 증가해 왔고, 운 좋게도 나는 이를 지원하는 프로그램에 참여했다. 프로그램 내용 중 하나가 요양원에 있는 노인들이 수영을 포함한 다양한 스포츠에 참여할 수 있도록 돕는 것이었다. 스코틀랜드의 몇몇 지역에서는 프로젝트를 성공시켜 이 일이 가능하다는 것을 증명하기 위해 여러 사람과 단체가 협력하기도 했다. 그 결과, 어떤 사람은 30년 만에 다시 수영을 시작했고, 어떤 사람은 새로운 일을 시도하고 즐겼으며, 어떤 사람은 새로운 우정을 만들고 옛 친구들과 재회했다. 그리고 한두 명은 수영 교습을 받으러 다녔고 수년 전에 가곤 했던 동네 수영장을 방문하기도 했다. 요양원 거주자들은 '다시 자유로움을 느낀다.' '다시 젊어진 것 같다.' 등의 긍정적인 코멘트를 많이 해 주었다. 지난달 나는 지역 체육관에서 열린 요양원 거주자들을 위한 게임 대회에 참석했다. 100명이 넘는 거주자들이 대회에 참가 중이었고, 최고령 참가자의 나이는 96세였다. 그들은 분명히 멋진 하루를 보냈고 열심히 경쟁을 벌였다. 영광스럽게도 나에게 대회 말미에 메달과 수료증을 수여할 기회가 주어졌다. 수상자 중 한 명은 상을 받았다는 것을 믿을 수 없어 울기 시작했다. 그녀는 그날 진짜 삶을 살았다고 느꼈기 때문에 감정이 북받쳤던 것이다.

내게는 두 명의 손녀가 있다. 밀리(Millie)는 이제 갓 두 살을 넘었고, 졸리(Jolie)는 7개월이 다 되어 간다. 두 아이는 서로 사촌이다. 아이들은 서로를 정말 많이 사랑한다. 밀리는 정말 열정적인 소녀이다. 그 아이는 계속 돌아다니며 사람들과의 개인적인 접촉에 지나치게 열정을 보인다! 나는 밀리가 졸리와 함께 있을 때 어떤 모습일지 궁금했다. 처음 밀리가 졸리에게 다가갔을 때, 밀리가 저도 모르게 졸리를 눌러 죽일지 모른다고 상상하면서 가족 모두 다소 긴장했다! 하지만 정말 흥미롭게도 밀리는 매우 어린 나이임에도 불구하고 졸리에게 좀 더 부드러운 접근이 필요하다는 것을 알고 있었다. 밀리는 너무나 사랑스럽고 배려가 넘쳤다. 한 번도 졸리를 꽉 껴안은 적이 없었고, 무엇을 박살내듯 졸리와 부딪친 적도 없었다. 아직 어리지만, 어린 사촌을 향한 반응은 자비롭다. 밀리는 졸리를 돌보고 어떻게 해서든지 졸리를 행복하게 해 주고 싶어 한다. 바로 눈앞에서 펼쳐지는 얼마나 사랑스러운 이야기인가!

밀리는 80대 할머니 유모를 처음 만났다. 밀리는 유모가 뭔가 다르다는 것을 즉각 깨달았다. 평소 밀리는 잘 껴안지도 않았고 뽀뽀도 잘 해 주지 않았다. 하지만 유모와 함께 있을 때는 달랐다. 유모에게 예상치 못한 포옹과 뽀뽀 세례를 퍼부었고, 유모의 무릎 위로 기어 올라갔으며, 무릎 위에 앉아 유모를 껴안는 것을 좋아했다. 밀리는 항상 유모의 손을 잡고 싶어 했다. 상상할 수 있듯이, 유모는 밀리를 사랑했고 밀리가 주는 모든 관심을 사랑했다. 밀리가 옆에 있을 때 유모에게도 늘 그렇게 의미 있는 일이 일어났다. 이렇듯 사회의 더 연약한 사람들에 대한 자비로운 인간 반응은 매우 이른 나이에도 일어날 수 있다. 이는 자비가 우리의 일부분이고 우리가 자비를 가지고 태어났다는 것을 의미하지 않겠는가?

자비는 항상 편안하지는 않다. 때때로 자비를 취한다는 것은 어려운 대화를 나누는 것을 의미한다. 이런 자비를 받는 것도 힘든 일이지만 주는 것도 힘든 일이다! 나는 질병과 장애가 있음에도 불구하고 자신의 잠재력을 실현하도록 사람들에게 힘을 북돋우고, 확신이나 분명한 능력이 없어 좌절과 절망을 느낄 때도 사람들에게 독립을 격려하며, 인생의 마지막에서 심금을 울리는 지극히 중요한 선택을 내릴 수 있도록 사람들을 돕는 동안 바로 자비를 경험했다. 때때로 자비는 섬세한 균형이 필요할 수 있다. 사람들은 삶에서의 경험과 그에 대한 반응도 독특하고 매우 개인적이다. 내가 배운 한 가지는 사람들이 자신의 길을 찾도록 도와주기 위해서는 그들의 개성에 맞는 방식으로 자비를 주어야 한다는 것이다. 자비는 정서적인 반응이지만, 자비를 완수하고 정교화하는 실천이 필요할 것이다. 나는 시간이 지남에 따라 삶의 경험이 쌓이면서 자비를 더 잘하게 되었다고 생각한다. 내 생각에 이러한 기술 또한 자비의 요소인데, 자비가 발달하는 데는 시간이 걸리는 것 같다.

수년 동안 작업치료사로서 수련하고 보건사회복지 분야에서 일하면서, 나는 사람들을 돕기 위한 의료 및 심리적인 방법, 환경에 적응시키는 방법, 삶을 더 좋게 만들기 위해 사용할 수 있는 정서 전략에 대해 많은 것을 배웠다. 나는 대학에서 자비에 대해 배우지 못했고, 사람들이 자비에 대해 많이 이야기 나누는 것을 본 기억도 없다. 하지만 자비가 만들어 내는 영향력을 알고 있다. 비용 면에서 돈도 들지 않는다. 하지만 많은 상황에서 자비의 영향이 커지고 있고 오래 지속될 수 있다고 믿는다!

이 장을 쓰면서 나는 자비에 대해 곰곰이 생각해 보면서, 여러분이 동의할 수도 있고 이의를 제기할 수도 있는 몇 가지 결론을 이끌어 냈다!

- 우리 모두는 인생의 어느 시점에 자비를 필요로 한다.
- 우리 모두는 우리가 선택한 사람이나 상황에 대해 자비를 느낄 수 있다.
- 자비는 사람들과 공유할 수 있다.
- 우리는 특정한 사람이나 상황, 시기에 더 많은 자비를 느낄 수 있다.
- 무엇인가가 갑작스러운 자비 반응을 촉발시킨다는 것을 알 수 있다.
- 자비는 시간과 에너지를 들이는 것이다. 자비가 더 효과적으로 작용하려면 양질의 대인관계가 필요하다.
- 우리가 사람들을 잘 돌보기 위해서는 자비로운 마음과 접근이 필요하다.
- 타인으로 하여금 희망을 가지고 회복탄력성을 높일 수 있도록 돕기 위해 도전을 마주하게 할 때, 자비는 '강력한 사랑'의 형태가 될 수 있다.
- 자비는 우리의 일부분이다. 하지만 타인을 더 효과적으로 지지하기 위해 자비를 키우고 자비에 기반한 기술을 발달시킬 수 있다.
- 우리가 마음을 먹는다면, 자비는 큰 변화를 만들어 낼 수 있다!

관련 정보

다음 사이트에서 '매 순간을 소중하게 여기기'에 대한 더 많은 정보를 알 수 있다(www.careinspectorate.com/index.php/care-news-online/9-professional/2736-make-every-moment-count).

참고문헌

Care Inspectorate (2013). *Make Every Moment Count. A Guide for Everyday Living.* Dundee: Care Inspectorate.

Gawande, A. (2014). *Being Mortal.* London: Profile Books Ltd.

González-Balado, J. L. (1998). *One Heart Full of Love: Mother Teresa.* Cincinnati, OH: St. Anthony Messenger Press.

Lama, D., & Cutler, H. C. (1998). *The Art of Happiness: A Handbook for Living.* New York: Riverhead Books.

자비에 기반한 관점으로
개인적 삶과 전문가적 삶에서
자기 돌보기

느낌과 생각이 일치하는 곳에 머무르기. 그곳은 자신을 이해하는 여행의 시작점인 초기 경험이 있는 곳. 살아남기 위해 타인의 돌봄이 필요하다는 것과 버림은 죽음을 의미한다는 것을 처음 경험했던 곳. 누군가의 사랑과 돌봄으로 가장 무서운 시간들을 버텨 낼 수 있었던 기억이 있는 곳.

－제니 셔틀워스 데이비스(Jenny Shuttleworth Davies)－

자기자비로의 여행
고군분투로 시작해서 만족감을 나누기까지

• • • • • •

사라 로슨(Sarah Lawson) 박사, 임상 및 코칭 심리학자

3년 전, 나는 심리학자로서의 나의 진로를 바꿔야겠다고 결심했다. 2013년 여름, 임상심리학 분야에서 10년 동안이나 공부하고 수련을 받았지만, 그 당시 내 인생의 교차점에 서서 이제 어느 방향으로 나아가야 할지 스스로에게 질문을 던지게 되었다. 흥미롭게도, 한창 박사논문을 쓰고 있을 무렵 내가 점점 '소진'되어 가고 있음을 깨닫게 되었다. 처음 나를 심리학 분야로 이끌었던 그 열정은 내가 지쳐 감에 따라 점점 빛을 잃어 갔다. 내담자들이 가져오는 문제의 무거움과 책임감에 질질 끌려가며 기진맥진했고, 가장 가까운 사람들과의 연결조차 끊어져 가고 있음을 깨달았다. 무언가를 줄 만한 여력이 없었다. 나는 진지하게 임상심리학이 내게 맞는 직업인

지 자문하기 시작했다.

처음 코칭심리학을 만났을 때의 그 경험은 거의 즉각적으로 내 삶에 엄청난 영향을 미쳤다. 일에 지쳤던 나는 이틀간의 코칭 과정을 등록했고, 그 과정은 종종 습관적으로 고통스러운 수준까지 일하는 나의 속도를 늦추어 줄 수 있을 뿐 아니라 새로운 상담 기술들을 배울 수 있는 기회가 되리라 기대했다.

나는 코칭이 내담자에게 긍정적인 변화가 생기도록 지지하고 그들의 심리적 안녕을 촉진하는 일이라는 것을 알고 있었다. 하지만 나조차 코칭의 영향을 받을 수 있으리라는 사실은 미처 생각지 못했다. 마침 코칭 과정은 교육수련이라기보다는 경험적 워크숍에 훨씬 더 가까웠다. 나는 모든 것을 제대로 해내고 고치려고 애쓰면서 많은 자기비판적인 말을 하고 있었고 계속적으로 수치심을 느끼고 있음을 알게 되었다. 확실히 나는 스스로에게 자비를 보여 주고 있지 않았다.

심화 수련과정을 거치면서 나의 코칭은 눈부시게 발전했고, 나는 코칭심리학 분야에 본격적으로 뛰어들었다. 코칭은 나 자신과 함께 일하는 사람들에게 보다 자비로운 방식으로 대할 수 있는 출구를 열어 주었을 뿐 아니라 내가 심리학적 작업을 하는 데 있어서도 새로운 관점과 방법을 제공하였다. 코칭 덕분에 내가 한때 심리학자로서 가졌던 열정이 다시 불붙게 되었다.

나는 코칭에서 자비가 중요한 토대가 된다는 사실을 알게 되었다. 코치로서 또는 코칭을 받는 대상자로서 코칭 과정에 참여하는 동안 자비로운 자세로 이루어지는 실무와 활동은 확실히 개인적으로나 전문적으로 나를 더욱 행복하고 충만해지도록 도왔다.

이 장에서 나는 코칭심리학의 맥락에서 자기자비에 초점을 맞추고자 한다. 그리고 보다 자비로운 방식으로 심리학을 실천하는 방법으로서 '코칭'을 경험했던 나의 이야기를 나누고자 한다. 코칭과 임상심리학 간의 유사점과 차이점 또한 살펴볼 것이다. 결코 어느 접근이 더 우수하다는 것을 강조하고자 하는 의도는 없다. 하지만 이 책을 읽는 독자들이 코칭을 이해하고 두 분야에서 일해 본 내 경험으로부터 통찰을 얻어 가기를 바란다. 또한 내담자 티나(Tina, 가명)와의 코칭에서 사용했던 자비가 어떻게 그녀 삶의 모든 측면에서 지지가 될 수 있었는지에 대해서 논의할 것이다. 마지막으로 고려하고 관찰한 내용 몇 가지로 결론을 짓고자 한다.

소진과 공감피로

많은 조력 전문가처럼, 나도 다른 사람들을 돌보고 그들의 고통을 덜어 주고 싶은 바람에서 심리학자가 되고자 했다. 나는 개인적인 경험들을 쌓아 가면서 내담자들을 더 깊이 이해할 수 있게 되었을 뿐 아니라 경청하기, 공감하기, 수용하기와 같은 좋은 치료 기술들을 숙달할 수 있었다. 하지만 돌보는 일은 희생이 따른다는 사실도 몸소 체험하였다. 연구들에서도 자신이 돌보는 내담자들의 두려움, 아픔, 고통의 이야기를 경청하는 전문가들은 그들과 유사한 두려움, 아픔, 고통을 느낀다는 사실을 강조해 왔다(Figley, 1995). 내담자의 트라우마에 간접적으로 노출되는 일은 조력 전문가들의 안녕에 부정적인 영향을 미친다는 사실도 밝혀졌다. 왜냐하면 조력 전문가들은 간접적으로 접하는 트라우마로 인해 의미 있는 인지적 · 행동적 · 정서적 변화의 위기에 처하게 되기 때문이다

(Sabin-Farrell & Turpin, 2003).

공감은 내담자의 고통과 트라우마를 다루는 데 있어 결정적인 것이다. 하지만 공감은 (소진 또는 이차외상 스트레스로 불리기도 하는) 공감피로(compassion fatigue)를 발달시키는 위험요인이 되기도 한다. 매우 공감적이고 민감한 조력 전문가들이 가장 위기에 처할 수 있는데, 그들이 내담자의 고통을 매우 깊이 느끼기 때문이다. 공감과 같은 자산은—치료에 있어서 필수적인 도구이지만—너무 지나치면 치료자들에게 희생을 치르게 할 수도 있다.

경험하고 있는 증상들은 인식했지만 그러한 증상들을 어떻게 경감할 수 있을지에 대한 확신이 없었던 나에게 코칭을 탐구해 보도록 북돋운 계기는 바로 소진의 경험이었다. 그 당시에 나는 속도를 늦추고 고통이 덜한 내담자들을 상담하는 것이 도움이 될 것이라 믿었다. 지금 나는 내 자신과 타인을 코칭했던 경험이 자기자비로의 진정한 첫 경험이자 여정이었다는 것을 알게 되었다.

나는 내담자를 수용하고 공감하는 것이 중요하다는 것을 알고 있었다. 이러한 앎에도 불구하고 정작 스스로를 향한 자비는 생각하지 못했다. 나는 내가 알고 있는 최선의 방법으로 나 자신을 돌보았다. 즉, 운동, 수면, 그런대로 잘 먹는 것을 통해 나를 돌본다고 생각했다. 이러한 방법들은 정신적·신체적 에너지 수준을 높여 주었다. 하지만 나에게는 여전히 다루어야 할 생각과 감정이 남아 있었다. 매일매일 고통과 씨름하는 것은 정말 힘들었다.

자비 탐색하기

지난 10여 년 동안 심리적 개입에 불교의 개념들을 활용하는 연구와 관심이 성장해 왔다. 여기에 자비(compassion)도 포함된다. 자비는 고통을 덜어 내고자 고통을 개방적으로, 민감하게 대하는 것이다. 이 행위가 자신에게 향하는 것이 자기자비라고 할 수 있다. 네프(Neff, 2003)는 자기자비를 자기비난이 아닌 자기친절, 소외가 아닌 보편적 인간성, 느낌에 지나치게 동일시하지 않는 마음챙김과 같이 개념화하였다. 이러한 요소들을 결합하고 상호작용하여 자기자비의 마음 구조를 만들어 내는 것이다.

코칭 경험을 통해 나는 나 자신을 위한 자비의 문을 열 수 있었다. 코치 마리(Marie)의 도움을 받으면서 내면의 비판적인 목소리를 잠재울 수 있었고, 나의 친절하고 자비로운 부분을 더 분명하게 들을 수 있었다. 나는 자기자비가 내적 저장고를 채울 수 있는 방법을 제공한다는 것을 발견했다. 우리의 내담자를 더 많이 도울 수 있을 만큼 정서적인 배터리를 채울 수 있는 방법 말이다. 이를 비행기에서의 안전 수칙에 비유하고 싶다. 여러분은 타인을 돕기 전에 스스로 산소 마스크를 써야 한다. 자기자비는 여러분이 진정으로 타인을 돌보려면 스스로를 돌보아야 한다는 사실을 상기시킨다.

자기자비는 에우다이모닉(eudaimonic) 행복의 근원으로 불린다(Ryan & Deci, 2001). 헤도닉(hedonic) 행복이 단기간의 행복을 향상시키고 즐거움을 추구하며 고통을 피하는 것인 반면, 에우다이모닉 행복은 안녕을 유지하고 삶의 목적과 의미를 찾는 것이다. 마찬가지로, 자기자비는 고통을 피하는 방법이 아니다. 오히려 친절로 고통을 감싸 안는 것이다. 이로써 온전한 인간으로서의 경험에 뿌리가 되는 안녕 감각을 창조해 낸다. 이렇듯 자비는 코칭의 많은 접근 및 방식과 아주 유사하다. 나는 분명히 자비에 초점을 맞춘 접근법으로 코칭을 배우고 실천했다. 코칭심리학은 충분히 기능하는 인간(Rogers, 1961), 건강한 성격 연구(Maslow, 1968), 자기실현화, 온전한 잠재력에 도달하기 위한 노력을 강조하는 인본주의 심리학에 근거하고 있다.

코칭심리학

심리학은 일반적으로 고통을 완화하고 역기능을 개선하는 데 초점을 둔다. 임상 및 상담 심리학자는 고통받는 내담자를 주로 만나지만, 코칭심리학자는 잘 기능하는 내담자를 주로 만난다. 그리고 코칭심리학자는 광범위한 이론적 관점을 활용하여 내담자가 개인적이고 직업적인 목표를 이루어 내도록 돕는다. 코칭심리학은 "개인적인 삶과 일의 영역에서 안녕과 수행을 향상시킨다."(Palmer & Whybrow, 2005, p. 7) 이는 코칭심리학의 소명이 인간으로 하여금 더 긍정적인 목표를 이루기 위해서 기능을 발휘하도록 돕는 데 있음을 지지한다.

고치기 대 창조하기

대부분의 사람이 코칭을 시작하는 방식은 전형적인 치료적 관계와는 차별화된다. 대부분의 영국인은 '치료'를 받기 전에 주로 진단명을 부여하는 기관인 국민보건서비스(National Health Service: NHS)를 거치며 심리 서비스를 받기 시작한다. 내담자들은 치료자가 현재 문제를 해결해 주기를 바라면서 상담을 찾게 되거나, 다른 누군가로 인해 비자발적인 내담자가 되어 상담실에 오게 된다. 여기에는 치료적 관계가 시작되기도 전에 내담자에게 '고칠' 필요가 있는 '망가진' 어떤 것이 있다는 가정이 깔려 있다.

코칭관계의 역동은 명백히 임상 및 상담 작업에서의 위계적 관계와는 다르다. 코칭관계는 두 사람이 동등하게 참여하는 협력적 관계이다. 이 관계는 공동으로 설계되며, 코치와 내담자가 똑같이 이 작업에 참여한다. 상담자가 끌고 가거나 명령하지 않고 내담자에게 문제해결에 대한 책임을 지우는 접근이라는 것이 중요하다(Whitmore, 1992). 내담자는 망가지거나 고칠 필요가 있는 존재가 아니라 전인적이고 자원이 풍부한 완전한 존재인 것이다! 공유된 인간성이 있다. 우리 모두는 실수를 하고 완벽하지 않으며, 우리의 행위와 성장에 책임을 진다.

심리적 안녕을 촉진하는 자극이 주어지며, 특정 '문제'가 아닌 내담자의 힘과 책임에 초점이 맞추어진다. 치료를 받는 내담자는 대개 높은 불만족에서 적당한 만족까지 변화를 기대하는 반면, 코칭을 경험하는 내담자들의 기대 수준은 대체로 만족에서 훨씬 더 높은 수준의 만족까지 이른다.

왜 사람들은 코칭을 필요로 하는가

사람들은 꽉 막힌 느낌이 들거나 어떤 변화를 원할 때 종종 코칭을 받으러 간다. 대개 그들은 스스로 변화를 시도해 보았으나 실패했다고 지각하고 있다. 또는 대개 마음속에 깔려 있는 실패에 대한 불안 때문에 시작하기조차 힘들어하고 있다(예를 들어, 사람들은 충분히 좋아지지 않을까 봐, 적절하지 않을까 봐, 사랑받지 못할까 봐 두려움을 느낀다).

코칭을 받으러 오는 내담자들은 종종 과도한 자기검열과 자기비난을 한다. 그들은 흔히 자기확신을 갖지 못한다. 과도한 자기비난은 다양한 수행과 심리적 안녕에 영향을 미친다. 또한 자기비난은 새로운 기술을 향상시키고 배울 때 걸림돌로 작용할 수 있다. 만일 사람들이 계속해서 자기의 수행에 대해 부정적으로 검열한다면 어떤 행동을 하든지 제약을 느낄 것이다. 결국 낡은 패턴이 반복되어 앞으로 나아가거나 변화를 만들어 내지 못할 것이다.

어려움을 겪고 있는 사람들이 어려움을 완화시키고 그러한 어려움이 미래에 지속되지 않도록 조치를 취한다면, 그들은 인생의 진전을 만들어 낼 것이다. 이렇게 할 수 있는 강력한 방법은 우리 자신의 자기비난적인 목소리에 도전하고 이를 인식하며 자비로운 목소리를 채택하는 것이다. 코칭에서 자비를 사용한다면 내담자가 자신이 되고 싶은 모습을 생각하고 그러한 모습으로 성장해 나가도록 도울 수 있다. 자비는 내담자에게 자기 문제, 상황, 나아갈 길에 대해 생각할 수 있는 대안적인 틀을 제공한다. 자기자비는 인간이라는 존재는 누구나 불완전하며 '완벽'한 사람은 없다는 인식을 함으로써 개인의 약점 영역을 인정하도록 돕는다. 우리는 스스로를 향상시키기 위해 노력한다. 이는 우리가 지금의 자신을 받아들이지 못하기 때문이 아니라 성장해 가고 행복해지고 싶어 하기 때문이다. 자기자비가 사람들의 고통을 줄이고 성장을 도와주는 접근이라는 사실은 연구들에서 점차적으로 밝혀지고 있다. 코칭과 자비는 내담자가 내면의 비판을 줄이고, 보다 수용적이고 이해하는 목소리로 스스로에게 말하며, 생각하고 느끼고 행동하는 방식을 바꾸도록 돕는다.

사례

나의 첫 코칭 내담자 중 한 명인 티나(가명)는 일과 개인적 삶의 균형 잡기를 잘하고 싶어 코칭을 받으러 왔다. 그녀는 자신이 일, 개인적 삶 무엇에도 충분히 전념하지 못한다고 느꼈다. 티나는 강한 내적 비판의 목소리를 가지고 있었는데, 집중해서 열심히 일하려면 스스로에게 비판을 가하는 게 필요하다고 믿고 있었다. 코칭을 진행하면서, 우리는 그녀의 내적 비판의 목소리가 '너무 커서 스스로의 생각조차 거의 들을 수 없다'는 사실을 알게 됐다. 그녀는 직장에서 동료들보다 더 장시간 일해야 한다고 믿고 있었다. 그래야만 자기 일에 헌신하고 있다는 것을 증명할 수 있기 때문이었다. 그녀는 늘 불안했고 직장에서 성과를 내고 있었음에도 충분히 잘하고 있다고 느끼지 못했다. 티나는 훌륭한 성과를 내는 사람이었다. 학부과정에서 매우 높은 학점을 받았으며, 경영학 석사학위도 취득했다. 그녀는 스스로에 대해서 대충 넘어가는 일은 있을 수 없

으며 통제해야 한다는 신념을 가지고 있었다. 이러한 존재 방식 덕
분에 그녀는 큰일을 많이 성취할 수 있었다. 높은 성취를 해내는 많
은 사람이 그렇듯 그녀도 스트레스에 시달렸고, 성공하지 못하면
실패자가 된 듯했다. 대부분 그녀는 착수한 것을 성취해 냈지만, 삶
의 다른 영역들은 망가져 갔다. 그녀는 자기 삶의 방식이 남편, 어
린 아들과의 관계, 자신의 건강 그리고 그녀 자신과의 관계에도 영
향을 주고 있다는 것을 깨닫기 시작했다. 그녀의 내적 목소리는 '너
는 이 모든 것을 할 수 있어야 해. 멈춰서는 안 돼.' '너는 더 열심히
일해야 해.' '모든 게 똑바로 되지 않으면 제대로 해낸 게 아니야.'라
고 말하곤 했다. 과거에는 내적 비판의 목소리를 경청하는 것이 일
하는 데 원동력이 되기도 했다. 티나는 자신의 성취에 자부심을 느
끼고 싶었고 다른 사람들도 자기를 인정해 주기를 원했다. 하지만
그녀가 목표에 도달하는 유일한 방법은 엄청난 압박을 느끼고 지
속적으로 자기비판을 하는 것뿐이었다.

　나는 여기서 티나의 경험을 예로 들었지만, 우리 모두 어느 정도
비슷한 경험이 있으리라 확신한다. 이것이 많은 사람이 스스로를
동기화하려고 사용하는 방법이다. "더 열심히 노력해야 해." "실패
해서는 안 돼." "다른 사람들을 실망시켜서는 안 돼." 이렇게 스스
로를 몰아치는 말은 어느 정도 효과가 있다. 실패할 때 스스로를 저
울질하는 상황을 피하기 위해 우리는 안간힘을 다해 수행하고 성
취하려고 노력한다. 하지만 때때로 이렇게 스스로를 몰아치기 때
문에 시도하는 것조차 무서울 때가 있다. 우리는 완벽하게 할 수 없
는 일, 실패할 수밖에 없다고 확신하는 일을 피한다. 그리고 이렇
게 회피함으로써 삶에 도움이 되는 것들을 놓치고 만다. 즉, 새로운
기술을 배우고, 새로운 일을 시도하고, 새로운 관계를 만들어 내고,

지금의 관계를 향상시키는 것을 놓쳐 버린다.

티나는 완벽하기 위해 고군분투했다. 하지만 완벽이란 결코 이루어질 수 없는 것이다. 코칭 시간에 우리는 완벽하지 못한 자신에게 "넌 쓸모없는 사람이야."라고 내뱉을 때 그녀가 어떤 감정을 느끼는지에 대해 이야기를 나누었다. 티나는 자신을 향해 비판적인 태도를 갖는 것이 스스로를 해롭게 한다는 것을 알기 시작했다. 또한 자기비난이 자신이 아끼는 사람들과의 관계에도 영향을 미친다는 것을 알게 되었다. 내적 비판의 소리에 귀를 기울이는 일은 그녀에게 더 이상 동기를 주지도, 영감을 주지도 않았다.

티나는 자기가 알고 있는 유일한 방법으로 이미 많은 것을 성취해 냈다. 하지만 이 오래된 행동패턴은 그녀에게 더 이상 효과가 없었다. 우리는 자기자비에 대해 이야기를 나누었다. 자기자비는 자기 자신에게 더 친절해지는 것이다. 스스로를 판단하거나 계속 평가하는 것을 멈추는 것이다. 처음에 그녀는 이러한 관점을 정말 불편해했다. 티나는 많은 사람이 자기자비에 대해 흔히 가지는 감정, 즉 자기자비가 '자기에게 과도하게 관대한 태도이지 않을까'라는 걱정을 했다. 그리고 내적 비판의 소리 없이는 일을 마치지 못할까 봐 두려워했다. 나는 자기자비가 우리가 좋은 친구나 아이에게 친절함과 자비를 베푸는 것과 똑같은 방식으로 자신을 대하는 것이라고 설명했다. 그러자 그녀는 한번 시도해 보기로 했다.

점차 그녀는 보다 자비로운 목소리를 개발했고, 자비를 자신의 일부로 인정하기 시작했다. 그녀는 직장의 책상 위, 쉽게 볼 수 있는 곳에 아들의 작은 사진을 놓아두기로 했다. 그 사진을 볼 때마다 그녀는 자기 삶에서 가장 중요한 것을 상기할 수 있었다. 그리고 자기비판적인 목소리가 들릴 때마다 스스로에게 이렇게 물었다.

- 지금 아들에게 뭐라고 말하고 싶은가?
- 지금 나의 내면아이에게 가장 친절하게 말할 수 있는 방식은 무엇일까?

코칭 과정 중 가장 중요했던 부분은 티나가 자신의 자비로운 부분을 발견하고 자비의 목소리를 높일 수 있도록 도왔던 것이다. 우리는 새로운 길을 따라 나아가면서 그녀가 진정으로 원했던 것, 되고 싶었던 모습, 상황을 생각하는 대안적인 방식을 찾아냈다. 나는 티나가 이상적인 자기와 원하는 비전에 초점을 맞추도록 도왔는데, 이것은 강력한 효과가 있었다. 우리는 두 가지 미래의 가능성을 탐구해 보았다. 하나는 자신을 향해 자비를 창조해 내는 것이었고, 다른 하나는 아무 변화 없이 그대로 계속 살아가는 것이었다. 긍정적인 비전은 희망을 만들어 내고 미래의 행동을 이끌어 내는 데 강력한 힘을 발휘하는 것 같았다. 이렇게 해서 우리는 티나가 더 나은 비전을 향해 나아가도록 하는 목표를 확인하고 세울 수 있었다.

성찰

자비와 코칭의 길을 걸어가는 동안, 나는 스스로를 자비의 자세로 대하고 있음을 알아차렸다. 다른 사람의 변화를 목격하고 그에 발맞추어 가는 것 또한 매우 강력한 일이었다. 내적 비판의 목소리에 귀를 기울였던 티나는 완벽을 기하느라 보지 못했던 지점들을 볼 수 있게 되었다. 나의 내담자들과 함께 깨달아 갔던 것들, 즉 '충분히 좋은 것'만으로 괜찮다는 것, 우리 모두 비슷한 투쟁을 하고 있다는 것, 타인들의 지지를 받았다는 것 등을 통해 우리는 서로 더 깊은 연결감을 느꼈다. 누구나 이러한 경험들을 하고, 누구나 이러한 인간성을 가지고 있기 때문이다.

> 진정한 자비는 모든 인간이 행복하고자 하고 고통을 이겨 내고자 하는 타고난 욕구를 가지고 있다는 합리적인 원리로 설명될 수 있다. 마치 나 자신이 그러하듯, 인간은 이러한 근본적인 열망을 충족시킬 자연권을 가지고 있다. 이러한 평등과 공통성에 근거하여 우리는 타인과의 친화성과 친밀감을 발달시킨다[Dalai Lama: Lama & Cutler, 1998에서 인용].

나는 코칭과 자비가 나란히 함께 가는 것이라는 데 추호의 의심이 없다. 둘 다 오래된 상처를 다루기보다 정서적 자원을 쌓는 데 초점을 두고 있다. 둘 다 내적 자원을 발견하고 개발하도록 돕고, 둘 다 회복탄력성을 향상시키도록 돕는다. 자기자비는 우리의 약점을 깨닫고 확인하며, '완벽하지 않음'이 인간의 부분이라는 사실을 인정하는 데 필요한 안전장치를 제공한다. 자기자비에 기반한 접근과 코칭은 '당신에게 무엇이 좋은가?'라는 공통 질문을 던진다.

나는 심리학자로서 자비에 기반한 일의 방식을 발견한 셈이다. 코칭을 하면서 나는 심리치료 일만 할 때보다 내면의 비판적 목소리가 훨씬 더 잠잠해졌음을 알게 되었다. 여기에는 많은 이유가 있으리라 생각한다. 내담자로 하여금 보다 자비롭게 스스로를 대하도록 돕는 일은 확실히 내게도 긍정적인 영향을 미친다. 코칭은 긍정적인 변화와 심리적 안녕을 증진시키는 힘을 가지고 있다.

나는 '왜(왜 이런 일이 일어났지요? 왜 당신은 이런 식으로 느끼지요?)'라는 질문은 덜 하고, '어떻게(어떻게 다른 방식으로 이것을 생각할 수

있었나요?)' 또는 '무엇(지금 당신이 할 수 있는 최선의 일은 무엇이죠?)'
이라는 질문은 더 많이 하곤 한다. 듣는 사람의 입장에서 내담자
의 이야기(고통, 트라우마, 감정)를 덜 들으면 고통과 괴로움에 간접
적으로 노출될 기회도 줄어든다. 내 경험상, 내담자와 이렇게 작업
하면 소진 가능성도 줄어든다. 코칭을 할 때 나는 공감보다 자비를
더 많이 사용하고 있다. 물론 이 두 가지는 관련된다. 하지만 내 입
장에서는 내담자를 돕느라 그의 이야기에 몰두하면서 그가 경험한
것들을 듣고 느끼고 이해하려고 애쓸 필요가 없다. 하지만 나는 자
비를 보여 주고, 그의 고통을 알아봐 주고, 인간으로서 유사한 점을
인정한다. 나는 "무얼 말하는지 알겠어요." "우리는 이 모든 걸 함
께 하고 있어요."라는 말을 건넨다. 그리고 덜 비판적이고 보다 위
로가 되고 자비에 기반한 존재 방식을 개발해 가도록 돕는다.

결론

　　자비는 코칭의 양식 또는 존재 방식으로, 긍정적인 변화의 핵심
요인이다. 보야치스 등(Boyatzis et al., 2010)은 자비로운 스타일의
코칭이 코칭의 성과를 높인다고 주장했다. 그들은 연구에서 비판
적인 스타일의 코칭을 받은 내담자들보다 자비로운 스타일의 코칭
을 받은 내담자들이 더 잘 배우고 유의미한 행동의 변화를 보인다
는 것을 증명하였다. 자기가 되고 싶은 모습을 생각하게 하고 성장
해 가도록 하는 것, 자비를 사용하여 코칭하는 것은 내담자가 자기
상황을 다양하게 생각하면서 앞으로 나아갈 수 있도록 돕는다. 결
과적으로, 연구는 자기자비를 수련한 치료자들이 공감피로를 덜

경험한다고 밝히고 있다. 자기자비 기술이 소진을 예방하기 때문
이다. 이러한 방식으로 내담자들을 만나게 되면서 확실히 나는 더
나은 심리치료사, 또한 더 건강하고 행복한 사람으로 성장할 수 있
었다.

참고문헌

Boyatzis, R., Jack, A., Cesaro, R., Passarelli, A., & Khawaja, M. (2010).
  *Coaching with Compassion: An fMRI Study of Coaching to the Positive
  or Negative Emotional Attractor.* Presented at the annual meeting of
  the Academy of Management, Montreal, Quebec, Canada.

Figley, C. R. (Ed.) (1995). *Compassion Fatigue: Coping with Secondary
  Traumatic Stress Disorder in Those Who Treat the Traumatized.*
  Bristol, PA: Brunner/Mazel.

Lama, D., & Cutler, H. C. (1998). *The Art of Happiness: A Handbook for
  Living.* New York: Riverhead Books.

Maslow, A. H. (1968). *Toward a Psychology of Being.* New York: D. Van
  Nostrand Company.

Neff, K. D. (2003). Self-compassion: An alternative conceptualization of
  a healthy attitude toward oneself. *Self and Identity, 2,* 85-102.

Palmer, S., & Whybrow, A. (2005). The proposal to establish a Special
  Group Coaching Psychology. *The Coaching Psychologist, 1,* 5-12.

Rogers, C. R. (1961). *On Becoming a Person: A Therapist's View of
  Psychotherapy.* London: Robinson.

Ryan, R. M., & Deci, E. L. (2001). To be happy or to be self-fulfilled:
  A review of research on hedonic and eudaimonic well-being. In S.
  Fiske (ed.) *Annual Review of Psychology 52.* Palo Alto, CA: Annual

Reviews/Inc.

Sabin-Farrell, R., & Turpin, G. (2003). Vicarious traumatization: Implications for the mental health of workers. *Clinical Psychology Review, 23*, 32-36.

Whitmore, S. J. (1992). *Coaching for Performance: A Practical Guide to Growing Your Own Skills.* London: Nicholas Bearley.

제8장

존재하는 것과 성장하는 것 사이
치료자 수련에서의 도전과 자원

• • • • • •

시몬 볼(Simone Bol), 언어치료사, 부교수, 상담심리 수련생

배우고 가르치는 일은 즐거운 활동이다. 우리는 배우고 가르치면서 발달하고 성장해 가며, 스스로에게 중요한 것들을 나누고 돌아본다. 하지만 이 책을 읽는 많은 독자는 교육이라고 하면 꽤 두려운 기억들이 떠오를 것이라 생각한다. 나도 그렇다. 지금부터 나는 지난 2년 동안 내가 겪은 학습, 교수, 자기자비에 대한 경험을 말하고자 한다. 지금 나는 상담심리 수련생이다. 더불어 임상언어학과 언어치료 분야의 부교수이자 외부 심사관으로 활동하고 있다. 보통 나의 한 주는 다양한 여러 활동으로 이루어져 있다. 내담자를 만나고, 수퍼비전을 받고, 사례보고서와 소논문을 쓰고, 가르치고, 심사하는 일을 한다. 때로는 학생이 되기도 하고, 때로는 선생이 되기

도 한다. 선생일 때는 학생들에게 배우고, 임상가일 때는 내담자들과 수퍼바이저에게 배우고, 학생일 때는 교수에게 배운다. 또한 어떤 상황에서든지 동료들로부터 배울 수 있는 기회가 있다.

나는 자기자비를 살짝(때로는 상당히 많이) 놓쳐 버릴 것 같은 도전과 순간들을 자주 맞닥뜨려 왔다. 미래의 상담심리학자를 꿈꾸며, 나는 인간 중심 접근, 정신역동적 이해, 폴 길버트(Paul Gilbert)의 자비 연구들을 포괄하는 심리학적 틀을 개발하고 있다. 이 장에서는 이 틀을 활용할 예정이다. 나는 전문가적 정체성과 모델을 통합하는 견지에서 이 글을 쓰려고 한다. 따라서 내 경험을 이러한 이론적인 틀을 통해 해석해 볼 것이다.

지금부터 자비가 교육 상황에서 왜 그토록 도전적인 것인지, 그리고 어떻게 하면 교육과 자비가 함께 평화롭게, 좀 더 빈번히 공존할 수 있을지에 대해 그 해답을 풀어 보고 싶다. 자비를 기본적 친절, 자기와 타인의 고통을 인식하고 완화하려는 소망으로 설명하는 길버트(2010)의 틀을 활용하여 자비의 기본 개념을 이해해 보고자 한다. 정서조절체계(affect regulation system)라는 개념을 활용하여 길버트(2010)는 세 가지 유형의 정서조절체계를 구별하고 있다. 이 두 가지 모두 교수·학습과 관련된다. 추구하고 성취하는 **활성화 체계**(activating system)는 분명히 교육 상황과 매우 관련이 높다. **위협 중심 체계**(threat-focused system)는 현대의 교수·학습 행위에서 고의적으로 활성화시키지는 않지만, 나를 포함한 많은 학습자는 학습을 둘러싼 경험들에 대해 두려움을 빈번히 느낀다. 이제부터 나는 정신역동이론에 근거하여 이처럼 의도하지 않지만 실상 까다로운 학습의 측면을 탐구해 보고자 한다. 끝으로, 길버트가 나눔, 친밀한 관계, 친절, 자비와 연결시킨 **위로와 만족 체계**(soothing and contentment system)를 소개할 것이다. 이 체계는 학습 경험에 직접적으로 관련된 가장 복잡한 체계이다. 하지만 친절, 타인과 함께 있는 것 자체를 즐기는 것은 교육 상황에서 자주 발견할 수 있다.

나는 자비의 실타래가 될 수 있는 정서조절체계로 이 글을 시작하고자 한다. 이를 통해 교육이 우리에게 제기하는 도전을 정리해 봄으로써 우리가 자비를 필요로 하는 순간에 보다 통찰력을 발휘할 수 있을 것이다. 이 방법을 안다면 자기비난 또한 줄일 수 있다.

성취하기와 추구하기

다양한 학습의 목적을 이루어 내거나 특정한 목표를 추구하기 위해 우리는 교육적 노력을 기울인다. 학생은 자신이 아직 이루지 못한 중요한 것을 이루기 위해 교육과정에 들어온다. 응용심리학 수련생으로서, 나는 이루고 싶으나 아직 이루지 못한 중요한 것이 있다는 것을 계속해서 느낀다. 학생이 되는 일은 입문자이자 중간자인 위치에 스스로를 놓는 일이다. 선생으로서 나는 학생들의 지원서를 검토할 때가 있다. 이때 나는 많은 학생이 특정한 진로 경로를 간절히 바라며 여기까지 왔으며, 그만한 과거사가 있었고 특정한 미래를 염두에 두고 있다는 사실을 알게 된다. 대학교육은 한 사람에게 과거와 미래를 연결시켜 준다. 한 개인의 과거와 미래는 모집과 선발 과정에서 중요하다. 여러분이 지금까지 무엇을 해 왔는가와 미래에 무엇이 되고 싶은가가 강조되는 것이다.

지원자, 학생, 수련생은 선택한 진로에서 동기와 헌신의 수준이 높다는 것을 입증해야 한다. 물론 할애한 시간, 노력, 재정을 고려하는 것도 중요하다. 치료자 수련생의 경우, 현장실습 기간이나 직무상 내담자에게 헌신하는 일이 중요하기 때문에 수련생의 헌신 정도를 입증하는 것은 특히 중요할 것이다. 하지만 수련생이 치료자가 되기를 원하는지 확인함에 있어서 심리학적 관점에서 좀 더 면밀한 검토가 필요할 수 있다.

나는 현재 받고 있는 교육과정에 지원했을 때 (다소 짓궂은) 면접 질문을 받았다. "당신에 대한 것 중 우리에게 알리고 싶지 않은 것은 무엇이죠?" 이 질문은 스스로 선택한 학습 방향을 확신하는지를 묻는 것이다. 나는 상담심리학 박사과정을 밟고 싶었다. 하지만 내가 정말 확실히 이 과정을 원했는가? 나는 이 질문에 대해 내가 선택한 학습 방향에 대한 의구심을 담아내는 답변을 했다. 이 글을 쓰면서 다시 돌아보니 당시 나의 답변은 다소 인간적이었다고 생각한다. 그리고 심사위원들도 나와 똑같이 생각한 적이 있으리라 추측한다. 왜냐하면 나는 이 과정에 정식 합격을 했기 때문이다. 하지만 내 답변 내용은 통상 성공한 지원서에 쓰이는 것은 아닐 것이다. 아마도 경쟁적인 선발과정을 통과하려면 거짓된 확신이라도 써야 할 것이다. 허울뿐인 확신을 계속해서 내세우는 것은 이제 비로소 현실화되기 시작한 직책과 나아갈 길을 생각할 때 생겨나는 호기심 섞인 실험일 것이다. 길버트와 초덴(Gilbert & Choden, 2015)은 도전과 불안을 다루는 데 있어 호기심과 개방성을 주장한다. 게다가 위니컷(Winnicott, 2005)의 생각과 비슷하게, 정체성을 발휘할 수 있는 여건이 약간이라도 허용된다면 새로운 정체성은 보다 건강하고 풍부하며 더 조율된 형태로 발달할 것이다. 새로운 정체성이나 과도기적 학생–전문가적 정체성을 부여하는 것은, 약간 떨어뜨려 보고 뒤집어 보고 맛보고 쥐어짜고 세상 속으로 던져 보는 장

난스러운 실험을 통해 보다 실제적이고 잘 부합하는 직업적 정체
성을 형성하는 데 도움이 된다. 내 경험상 이 과정을 도와주는 교육
자들은 호기심, 개방성, 도전과 변화를 촉진할 뿐 아니라 다양한 관
점을 제공하는 태도를 보여 주어야 한다.

성숙한 학생이 되면, 후기 청소년기 대학원생(계획과 실행의 결
정 경험이 적어 통상 자기가 추구하는 것에 좀 더 단순하게 확신해 버리
는 경향이 있음)보다 아마 자기의심을 더 자주 하게 될 것이다. 성
숙한 학생의 경우, 새로운 진로를 추구하는 일은 다소 투자가 많
이 들어가는 일이다. 즉, 자신이 책임져야 할 일과 역할 수행에 대
해 생각해야 하고, 때로는 정체성을 포기하거나 이전보다 정체성
에 관심이나 중요성을 부여하지 못할 수도 있다. 내 경험과 셰너헌
(Shanahan, 2000), 백스터와 브리튼(Baxter & Britton, 2001)이 보고한
내용을 예로 들면, 학생들은 다소 부담이 되는 계획을 추구할 때 종
종 긴장이 커지는 것을 경험하게 된다. 물론 나는 이 성숙한 학생들
중 한 명이다. 그리고 나는 내가 하고 있는 것에 대해 도대체 왜 하
고 있는지 빈번히 의문을 가졌다. 그러면서도 내가 추구하는 목표
는 가치가 있다는 결론을 내렸다. 이러한 의문에 대해 솔직할 수 있
는 여유를 가지는 것은 세상과 진정으로 소통하고 주변 사람들과
관심사를 논의하는 데 도움이 된다고 생각한다.

학생들은 때때로 자신이 선택한 길과는 다른 결론에 다다른다.
선생으로서 나는 학생들이 결정한 내용들을 통보받아 왔다. 그
리고 종종 교육과정을 떠나기로 한 학생들의 결정에 깊은 수치심
이 깃들어 있다는 것을 느꼈다. 길버트와 프록터(Gilbert & Procter,
2006)는 자기비판과 우호적이지 않은 자기평가가 어떻게 수치심을
만들어 내는지를 설명하고 있다. 학생들은 자주 자신의 부모, 경우

에 따라서는 배우자에게 자신이 내린 결정에 대해 어떻게 말해야 할지 모르겠다고 호소한다. 바람직한 성과를 내야 한다는 내면화된 이상화와 사회적으로 강화된 '목표지향적인 삶의 방식'이 그들의 내면에 강력한 가치와 판단으로 작용하고 있는 것 같다. 권력이 있어 보이는 타인들과 함께 있는 상황에서 그들의 처벌을 피하기 위해서는 자기를 비판하고 비난하는 것이 안전한 행위가 될 수 있다(Gilbert & Procter, 2006).

　누구나 자신이 추구하는 것이 생기면 기대감을 느낀다. 하지만 때때로 약간의 '시행착오'는 좋은 것이기도 하다. '학습기관(예: 대학)'에 있는 동안 경로와 목표를 바꾸어 보는 일은 유익하다. 이때 이전에 했던 결정들을 호의적으로 바라보는 것이 매우 도움이 될 수 있다. 예를 들어, 나는 다양한 흥미로운 성취와 목표에 참여한 사람인 양 나 자신을 여러분에게 소개했다. 그렇지만 나 또한 학교 중도탈락자이고, 많은 시도를 했고, 그에 따른 시련도 겪었다는 것은 아직 말하지 못했다. 내가 하는 일은 타인을 돌보고 보조하는 일이다(내가 보조기술을 잘 발휘하지 못한다는 사실은 나의 동료들이나 학생들도 충분히 알고 있다). '완성품'을 내놓지만 완전히 나를 담지는 못한다. 내가 제시하는 완성품은 내 존재의 혼란스러움을 잘 보여주지 않는다. '혼란스러움'이 오히려 인간적이고 정상적이고 건설적으로 해석된다면, 최선을 다해 꾸준히 일하는 사람들과 자신이 다르지 않다는 사실을 느낄 것이다. 평가자로서의 권위가 있는 교육자로부터 때때로 내가 겪는 혼란스러움이 정상적이라는 말을 듣는다면, 수치심과 자기비판을 변화시키는 데 어느 정도 도움이 될 수 있다. 때때로 희망했던 만큼 일이 잘 풀리지 않는다는 것, 일에는 실망과 슬픔이 따른다는 것 또한 많은 사람이 자신에게 일어나는 경험의 일부로 인정해야 한다.

심리치료 작업에서 내담자도 나와 유사한 과정을 거침을 발견했다. 종종 내담자는 치료 초반에 자기 존재의 혼란스러움에 대해 사과한다. 내담자는 하나 이상의 인생 과제를 성취하지 못했다고 말한다. 치료받으러 온 자신을 실패자처럼 느낀다. 그리고 대개 초반에는 불안한 상태에서 수치심의 과정을 설명한다.

학창 시절에 목표한 과제를 잘 해내지 못할 때, 앞서 설명했던 것처럼 실망과 자기비난을 자주 경험할 수 있다. 이는 종종 관계를 잃을지 모른다는 두려움을 수반한다. 친구들이 더 잘했다면(친구를 슬기롭게 선택하라!), 나는 더 이상 그 친구들 집단에 제대로 끼지 못할 것이라는 두려움을 느낀다(그리고 나는 별 볼 일 없는 사람이다). 만일 아직 학기 중이거나 과정을 그만두지 않는다면, 다른 친구 집단을 찾아가야 한다는 위협감을 느낄지도 모른다. 인간은 집단에 소속함으로써 안전감과 자비를 경험할 수 있다. 집단의 소속감을 잃는 것은 매우 깊은 감정을 불러온다. 목표를 이루지 못한 사실에 자주 실망과 수치심을 느낄 때 집단에서 내쳐질지도 모른다는 두려움이 밀려오며, 일시적으로 불안정감을 경험하게 된다. 스스로에게 실망감을 느낄 때 타인들—친구, 가족, 교육자—과 자신의 실망감에 대해 나눌 수 있고 자기가 속한 집단의 구성원으로 여전히 변함없이 받아들여지고 있음을 알게 된다면, 관계연결성이 끊어질까 봐 두려워하는 마음은 완화될 수 있다. 학생들은 때로는 수치심 때문에 타인과 접촉하지 못하고 자신의 마음을 개방하지 못한다. 내 경험상, 이러한 학생들은 정말 힘든 시간을 보내게 되고 상당한 고립감을 겪게 될 수 있다. 교육과정 시작 단계부터 학생들에게 자신의 실망감을 표현하는 것의 중요성을 분명히 알려 주고 반복적으로 이 메시지를 전한다면, 학습과 발달을 위한 보다 안전하고 건설적인 환경을 촉진하는 데 도움이 될 것이다. 실망은 삶의 한 부분이다. 하지만 실망감을 감추고 실망감이 수치심의 근원이 된다면, 학습과 발달은 급속도로 방해받게 될 것이다.

교육 경험에서 생기는 두려움

우리는 교육을 받으면서 불안과 두려움을 자주 경험한다. 이는 학생으로서 성취하거나 추구하지 못할 때 야기되는 두려움과 관련된다. 폭넓은 정신역동적 틀을 활용하여 좀 더 이 이야기를 풀어 보고 싶다. 우선 어떤 존재가 되어 가는 것(becoming)과 관련된 두려움을 이야기하고 싶다. 그리고 가르치고 배우면서 일어나는 대인관계와 교수·학습 관계에서 어떻게 두려움이 드러나는가를 고려해 볼 것이다.

교육을 통해 우리는 새로운 기술과 지식을 학습하며, 직업교육 과정의 경우에는 새로운 정체성을 학습한다. 또한 교육을 받는 동안 새로운 사람들을 만나고 새롭게 맡은 역할을 함께 해 나간다. 학습자는 '초보자'이다. 그리고 '처음'은 '미지'와 뗄 수 없는 관계에 놓여 있다. 즉, 새로운 규칙과 경계를 배우는 동안 잘 모르는 것을 스스로 알아 가거나 누군가가 알려 준다. 쉽게 말하자면, 잘 모르는 것이 당연하다. 아직 잘 모르는 것이 있고 아직 (잘) 해낼 수 없으며, 기존 전문가만큼 하도록 허용되지 않는 것도 마땅하다. 물론 성취하고 싶고 어떤 존재가 되고 싶은 욕구는 존재한다.

욕구와 두려움은 많은 경우에 정신분석이론과 관련된다(Phillips,

1997). 근본적인 부분을 간단히 설명해 보면 다음과 같다. 행하고 알고자 하는 욕구는 존재한다. 하지만 행하고 알도록 자신이나 타인들로부터 기대를 받는다면 이에 대한 두려움도 존재한다. 이는 실존주의 학문 전통에서 잘 알려져 있는 주제이다. 어떤 존재로 되어 가는 것은 흥미진진할 뿐 아니라 두려운 일이기도 하다. 두려움과 흥미로움은 그렇게 먼 관계가 아니다. 실존주의는 불안의 출현을 두려움, 욕구에 참여하는 것으로부터 주의를 흩트리는 무의식적 방어로 해석한다. 불안은 우리를 압도하게 하여 어떤 것에 전념하지 못하게 한다. 교육과정을 마치는 일은 심지어 과제 하나를 하는 것일지라도 불안을 불러일으킬 수 있으며, 이 회피 전략을 사용하게 한다. 예를 들어, 우리는 과제를 제출해야 하는데 미루거나 계속 반추만 할 수 있다(예: '내가 부록을 빠뜨리지 않고 넣었나?' 또는 'X 이론을 충분히 반영했나?').

물론 성인이 되어 대학교육을 받으면 어린 시절의 교육 경험에 대한 기억이 되살아난다. 즉, 대학생은 '더 큰' 성인들의 판단과 규정에 의지했던 유아기 상태로 되돌아가기도 한다. 솔즈버거-위텐버그(Salzberger-Wittenberg, 1983)는 의존 위치에 있는 유아가 경험하는 불안 상태 및 과정이 어떻게 학생들에게도 나타나는지 설명한다. 알지 못하는 낯선 환경을 이해하지 못하고 무력감을 느끼는 유아와 같은 상태는 새로운 교육 경험이 시작되는 시기에 특히 두드러진다. 특히 나는 나 자신을 포함하여 학생들이 흔히 빠지는 분열 경향에 대해 알고 싶었다. 정신분석 문헌에 따르면 모든 불안에는 이상화된 '부모'나 권위 있는 인물에 대한 이미지, 교육자를 붙들고 의지하고 싶은 욕구가 내재되어 있다. 하지만 학생들은 어려움이나 부정적인 감정을 교육자에게 투사하고 그들을 무력한 사람으로 보고자 하는 욕구도 있다. 학생들이 내리는 판단은 강렬한 느낌을 수반하며, 판단의 내용은 이상화부터 폄하까지 양극단적일 수 있다. 학생들의 이러한 판단은 자신에게 적용될 수도 있지만 교육자들과 동료들에게도 투사될 수 있다.

학생은 교육자로부터 정보나 지식이 충분히 제공되지 않았다고 자주 느낀다. 나는 특히 최근에 교육자와 학생이라는 두 가지 역할을 하면서 두 입장, 즉 내(교육자)가 더 많이 지도해 주기를 간절히 바라는 학생들 그리고 학생으로서 더 많은 지도를 받고 싶어 하는 나의 입장 모두를 경험했다. '더 많은 것을 필요로 하는' 상태는 일종의 '괴로움'으로, 견뎌 내고 공감적으로 다루어져야 하지만 반드시 해결해야 하는 것은 아니다. 왜냐하면 이러한 괴로움은 자신에 대한 부적절감으로, 타인이 원인이라기보다는 다른 사람들에게 자신의 부적절감을 투사한 것일 수도 있기 때문이다(Salzberger-Wittenberg, 1983). 현대 정치사회적 풍조에서는 학생이 종종 '고객'으로 비춰진다. 학생들은 교육 경험에 대해 많은 중간평가는 물론 전국학생조사(National Student Survey; 역자 주: 영국의 대학 졸업반 학생들을 대상으로 하는 영국의 인구통계조사) 등의 평가를 한다. 학생이 주체가 된 평가는 고등교육에 있어 매우 강력한 추진요인이 되어 왔다. 학생들의 경험을 경청하는 것은 교육의 향상을 위해 좋은 일이다. 하지만 경험은 맥락 속에서 이해되어야 한다. 체크박스와 리커트 척도가 가장 정교한 측정도구는 아니다. 특히 특정 교육 경험의 계획, 적절한 시기, 도전과제를 고려하지 않고 설계한 측정도구는 정교성이 떨어진다. 학생과의 직접 만남에 기초하지 않은 측정도구들을 활용해 학생의 관심사를 간접적으로 대량 측정할 때, 때때로 진정한 대화는 오히려 방해받는다. 무슨 일이 진짜 일어나

고 있는지 불확실한 상태에서 판단과 결과만 상대적으로 부각된다
면, 오히려 교육자들을 불안하게 할 수 있다. 만일 한쪽으로 편중된
결과라면 상호이해보다는 두려움의 분위기를 조장할 수 있다.

상담 장면의 경우, 무력감을 느끼며 무엇인가를 '제공'받고 싶어
하는 내담자들은 '무엇을 해야 할지 알고 싶을 때', 치료자가 삶을
어떻게 이끌어 가야 할지 말해 주기를 원할 때, 치료자가 역할 모델
이 되어 주기를 원할 때 불안을 명백히 드러낸다. 이러한 관점에서
임상수련생으로서의 경험은 특히 흥미롭다. 왜냐하면 수련생은 한
편으로는 학습자로서 부적절감을 자주 느끼지만, 다른 한편으로는
치료자를 이상화하거나 적어도 명쾌한 답과 조언을 원하는 내담자
들을 만나기 때문이다. 후자의 경우에는 자신의 치료적 입장에 따
라 도움을 제공하고 싶어 하는 치료자가 있는가 하면, 내담자 스스
로 삶에 대한 주도사고를 가지기를 바라며 너무 지시적으로 말하
고 싶어 하지 않는 치료자도 있기 때문에 신중한 고려가 필요하다.
물론 어느 정도까지는 치료적 작업을 위해 구현된 치료 양식에 따
르면 될 것이다. 예를 들어, 상대적으로 정신역동적 접근보다 인지
행동치료적 접근이 더 지시적인 작업을 허용한다.

인지행동치료 문헌에서는 '분열(splitting)' 현상을 불안을 유발하
는 상황에서의 자연스러운 반응으로, 이분법적 사고나 사고 협소
화처럼 다른 보완적인 이론적 이해로 설명한다. 분열의 과정은 확
실히 학생들이 학업에 관한 불안을 다룰 때 발생한다. 정신역동 문
헌에서는 분열을 교육자나 권위적 인물에 대해 발생할 수 있는 강
력한 정서적 반응으로 설명한다. 그 문헌들을 읽으면서 내 경험을
돌아볼 수 있었고, 내가 했던 '유치한' 반응에 조금은 너그러워질
수 있었다. 학생이자 교육자로서 나는 내 반응에 대해 의아해하며

때로는 약간 초조해하는 나 자신을 발견할 수 있었다. 이러한 메커니즘을 이해함으로써 자기비난을 줄이고, 정보와 지식이 채워지기를 갈구하는 학생들에 대한 자비를 증가시킬 수 있었다.

자비와 자기위로

이제 자비를 어디서 어떻게 경험하게 되었는지 살펴보고자 한다. 가장 분명한 자비의 시작은 동료와 사람들의 지지이다. 면대면 교육이나 아마 다른 소통수단들을 통해서도 타인의 생각과 마음과의 만남이 이루어질 수 있다. 전문교육을 받는 동안 학생들이 비슷한 흥미와 기질을 가진 사람을 처음 만났다고 말하는 것은 드문 일이 아니다. 수련생으로서의 최근 내 경험에 의하면, 학생들은 자신의 동료들이 매우 우호적이고 수련생활을 해 나가는 데 중추적인 몫을 담당하고 있다고 자주 이야기한다. 학습자 집단 혹은 공동체에 소속되는 것은 자비를 증진시킨다. 즉, 공동체 소속감은 유사성을 강조하고 다름을 허용하며, 다른 사람들과 자신에 대한 자비를 촉진한다. 안전감은 우리를 보살피고 지켜보는 사람들이 있다는 인식에서 생겨난다. 솔즈버거-위텐버그(1983)는 형제자매 사이의 경쟁의식이 동료 집단의 중요한 경험으로 여겨질 수 있다고 설명한다. 길버트(2010)는 연대감의 잠재적 도전—예를 들어, 일치에 대한 (자기)압박감—을 설명한다. 교육환경에서 여러 형태의 연대뿐 아니라 개인 간의 다름을 허용하는 것은 학생들로 하여금 개별성과 진정성을 억누르지 않고 연대감과 소속감의 이점을 배가하는 좋은 방법이다. 치료자로서 나는 수련생을 훈련시킬 때 집단 과정에 많은 주의를 기울인다. 정서적 경험 속에서 유사성과 다른 점을 배우는 것은 자비를 향상시키고 지지하며, 인간성의 다양한 경험을 제공한다.

　교수와 학생의 관계에서 자비로운 환경을 만들어 낼 수 있다. 강의 시간에 나를 포함한 학생들이 사소한 일상을 공유하거나 교수의 개인적인 삶을 살짝 엿볼 수 있는 기회가 주어질 때, 학생들은 자주 에너지를 얻는다. 인간은 누구나 다른 인간과 연결되고 싶어한다. 나는 최근 시험에 실패한 후에 개별지도를 받으러 온 불안한 학생에게 시험에 떨어진 내 경험을 나누었다. 그 효과는 놀라웠다. 나는 모든 상황에서 교수가 학생에게 자기개방을 하는 것을 권하는 것은 아니다. 하지만 치료적 만남 장면에서 잘 고려한 후에 이루어진 자기개방은 유용하다. 학업을 통해 터득한 약간의 겸허함은 아마도 큰 도움이 될 수 있다. 그리고 학습의 일부분으로서 난관을 극복해야 할 때 좀 더 여유를 가질 수 있다. 어려움과 도전을 이겨내는 것이 학습의 중요한 본질이다.

　하비와 델파브로(Harvey & Delfabbro, 2004)는 성장하는 아동·청소년의 회복탄력성 발달에 기여하는 요인들에 대해 연구했다. 그들은 교육제도와 같은 사회적 환경의 영향에 초점을 맞추는 브론펜브레너(Bronfenbrenner)의 생태학적 모델과 밴듀라(Bandura)의 사회인지 및 자기효능감 이론을 고려하였다. 학생들은 때때로 타인을 보면서 의미를 만들어 간다. 특히 아동·청소년들은 자신과 비슷한 점이 있는 권위적인 위치에 있는 타인에게 영향을 많이 받는다. 정신분석적 용어로 표현하면, 이 과정은 어떤 수준의 애착관계에서 발생하는 '가치의 내사(introjection of values)'라 할 수 있다.

　자비는 또한 전문가 수련과정의 중요한 부분이 된다. 타인을 돕고자 하는 관점에서 새로운 지식과 기술은 습득된다. 다양한 삶의

경험을 가진 사람들의 관점을 이해하는 것은 자비의 중요한 부분
이다. 언어치료의 목표는 의사소통을 도움으로써 자기 주변의 사
람들과 연결될 수 있도록 돕는 것이다. 응용심리학 수련에서의 우
리의 목표는 타인을 이해하고 타인의 안녕에 대한 관심을 키우는
것이다. 개인적인 과거사와 동기는 전문가가 되는 길을 선택하도
록 영향을 준다. 따라서 개인적 과거사 및 동기를 고려하는 일은 전
문가 수련에 있어서 중요하다. 또한 전문가 수련에서 인간성에 대
해 배우는 것은 자기자비 함양에 도움을 준다.

　나는 교육과정을 통해 또 다른 수준에서 사람들과 연결될 수 있
을지도 궁금하다. 예를 들어, 우리는 지식과 문헌을 전수받고 탐구
하면서 과거에 이러한 지식을 풀어내고 논쟁했던 사람들과 연결된
다. 학생들은 교육과정에 참여함으로써 보다 추상적이고 개인적으
로는 알기 어려웠던 사람들의 마음과 연결된다. 학교 학습의 어떤
분야에서는 학생들로 하여금 타인의 생각과 동기를 연결시켜 깊
이 있게 성찰해 보도록 한다. 즉, 학생들의 성취만을 이끌어 가기보
다는 학생들이 관점을 서로 나누고 발견하면서 학습내용을 경험해
보도록 하는 것이 학습의 즐거움을 돕고 긴장을 감소시킬 수 있다.
로고프(Rogoff)와 같은 교육사상가들(Rogoff & Toma, 1997의 예 참
조)은 학습의 협동적인 속성을 강조한다. 학습과 발달의 사회역사
적인 관점에서는 인류 전통의 도구를 공유하며, 그 부분이 되기 위
한 학습의 과정을 담고 있다(Vygotsky, 1978). 몬테소리(Montessori)
부터 브루너(Bruner, 1986)까지 많은 교육학자 또한 학습에서 발견
과 호기심이 가져다주는 즐거움을 강조한다.

　임상실습을 통해서도 자비를 발달시킬 수 있다. 응용심리학 수
련생은 내담자와 상담하면서 내담자의 스트레스와 불안정감을 공

감할 수 있다. 수련생은 또한 평가받는 위치에 있으며 내담자 돌봄을 충분히 잘 수행하고 있는지 공정한 판단을 받는 입장에 있다. 나는 관계하는 사람들—동료, 교사, 내담자—로부터 지지의 원천을 찾아냈다. 나는 내담자와 연결되고 실생활을 살아가면서 개인의 이야기와 경험들이 쌓여 감으로써 교육과정 내용 및 인간 실존에 대해 더 많이 이해할 수 있었다. 임상실습은 교육과정 내용을 실제로 이해할 수 있게 도움을 주었다. 학생들도 실습을 시작하고 치료 작업에서 실제 사람들과 관계를 맺어 나가면서 개인적인 발달과 이해도가 매우 깊어진다. 이러한 과정은 아마도 그 자체만으로도 충분히 가치가 있을 것이다.

나는 내담자와의 작업에서 관계적인 접근을 취한다. 길버트(2010)도 개관한 것처럼, 내담자의 필요에 부합하는 내담자와의 작업에서 치료자는 진정한 존재가 될 수 있고 내담자의 정신건강을 증진시킬 수 있다. 이는 또한 수련생에게 도전적인 일이다. 심리치료 수련생은 때때로 필수 또는 선택 사항인 개인분석을 받거나 교육과정을 이수하면서 자기(self)를 자세히 살펴보고 대대적인 재정리를 하기도 한다. 애착 관계 및 유형, 불안, 사별과 같은 인생의 중요하고 영향력 있는 측면은 단지 내담자 삶의 부분만이 아닌, 모든 인간 삶의 부분으로서 중요하게 탐구되어야 한다. 기억을 떠올리며, 다른 측면에서 바라본 자기에 대한 가설을 만든다. 이러한 작업은 혼란을 가져올 수도 있고, 풍성한 이해를 만들어 내거나 의구심을 야기할 수도 있다. 나는 자주 개인적인 성찰보고서를 써 오라는 과제를 받는다. 그리고 권위자의 비평과 코멘트가 적힌 과제를 돌려받게 되면, 때로는 자기가 공격당하는 것처럼 느껴지기도 한다.

길버트(2010)는 자기성찰 또는 '자기비난'이 어떻게 '위험에 대

한 경계'와 '위험 추구'라는 기본적인 정서 상태를 유발할 수 있는
지 논한다. 특히 자기성찰은 우리 자신을 다른 사람들과 비교하게
한다. 같은 점과 다른 점을 조사하는 것은 사람들이 추구하는 기본
인지패턴이며, 어떤 상황이나 집단에서 새로운 사람을 만날 때 일
어나는 일이다. 이는 중요한 인지적 · 사회적 인지 기술이다. 하지
만 자기와 타인 간의 같은 점과 다른 점을 살펴볼 때 정서적인 경험
을 하게 된다. 내 경험상, 타인과 다르다는 점으로 인해 유발된 불
안은 자기성찰에 의해 '충분히 좋지 않음'과 '소속되지 않음'을 경험
하게 했다. 이러한 자기와 타인을 비교하는 기술이 발달하면서 자
기이미지는 바뀌고 도전을 받을 수도 있다. 자기성찰이 친절함, 다
름의 인정, 완벽하지 않음 및 혼란스러움에 대한 허용 안에서 이루
어지지 않는다면, 자기의심이나 과도한 걱정패턴이 될 수 있다. 유
머는 감정적인 완화뿐 아니라 열린 결말, 다양한 수준의 해석 및 창
의적인 거리 두기를 가능하게 한다. 즉, 때때로 하루 동안 충분히
분석하고 자기성찰을 했다면 저녁은 쉴 시간이다(술집에 가거나, 소
파 위에 웅크리고 있거나, 깜깜한 방에 그냥 누워 있어도 좋다). 또한 자
기성찰은 회복탄력성을 도울 수 있다. 예를 들어, 하비와 델파브로
(2004)는 자기성찰이 자기, 관계, 타인에 대한 이해도를 증진시켜
준다고 언급했다. 왜냐하면 길버트(2010)가 주장한 것처럼, 자기성
찰이 잘 적용되고 좋은 척도로서 사용될 때 자기와 타인에게 미치
는 해를 줄일 수 있는 중요한 도구가 될 수 있기 때문이다.

수련 기간 동안 타인들의 필요를 조율하는 것은 가장 중요한 작
업이 될 수 있다. 따라서 자기돌봄과 자기자비는 임상 작업을 잘 수
행하기 위한 필수 요건이라 할 수 있다. 이 장의 마지막에서 이 주
제로 다시 돌아갈 것이다.

조직의 도전

건강 전문가를 위한 교육에서 자비를 개발하고 지속해 가는 데 발생하는 문제와 기회를 고려하기 위해 조직 구조에 대해 간단히 살펴보고자 한다. 현재 고등교육에서는 학생들의 경험을 많이 강조하고 있다. 조직 구조에서도 학생의 경험을 고려하고 개선하고자 하는 움직임이 일어나고 있다. 사람들의 경험을 감안하는 것은 가치 있고 공감적인 일이다. 하지만 학생의 경험을 중히 여기는 것이 어디서 어떻게 일어나고 있는가는 교수 · 학습 과정에 내포된 감정을 고려하는 데 있어 중요하다. 좋은 것과 나쁜 것, 신뢰성과 잠재적 위협, 제공하기와 요구하기 사이의 분리는 원시적이고 잘못된 길로 인도하며 교육이 불러일으킬 수 있는 불안 반응이다. 따라서 분열이 학습과정의 일부로 일어날 때, 교육자들은 학생의 경험을 상당히 세심하게 다루어야 한다고 말하고 싶다. 학습하기와 '존재하기' 또는 경험하기 간에 너무 많은 조직적 분리가 일어난다면 학습과정에서 불안이 강화된다. 왜냐하면 이러한 분리는 두려움의 원인을 회피하는 구조를 제공하기 때문이다.

큰 조직에는 전문적인 역할을 담당하는 사람들이 있다. 비밀을 보장하는 전문적인 상담은 개인적인 관심사와 필요를 호소하는 사람들을 위해 고등교육에서 중요한 역할을 담당하고 있다. 조직적 구조, 전문적 역할과 물리적 환경(누가 칸막이 없는 사무실을 좋은 아이디어라고 생각했나?!), 가상의 환경은 상담학습과정의 경험을 촉진하거나 방해할 수 있다. 예를 들어, 어느 정도 전문적이고 사람들 간 접촉에 도움이 되는 환경을 만들어야 한다. 큰 조직들은 나름의

도전과제를 가지고 있다. 따라서 때로는 교육평가와 관련하여 앞
서 논의한 것처럼 사람들과의 인간적인 접촉에 있어 어려움을 측정
하거나 기준을 부과할 수도 있다. 또한 큰 고등교육기관들은 자체
적으로 수집한 다양한 수련과정을 통해 인간 경험의 다양성을 배울
수 있는 많은 기회를 제공한다. 그리고 기대치 않은 새로운 방법으
로 사람들을 채용하기도 한다. 이러한 새로운 기회를 반긴다면 즐
거움이 증가하고 꽤 안전한 환경에서 보다 도전적인 측면을 다루
는 회복탄력성을 개발할 기회가 생길 수 있다.

　또한 건강 서비스 내의 역할들을 분리시킬 때(예: 치료자와 조력
자, 평가자와 치료 제공자) 수행하는 작업과 내담자에게 제공되는 관
계와 관련된 장점과 도전을 고려해야 한다. 자비에 기반한 관계는
긍정적인 것과 부정적인 것을 다루는 데서 발생한다. 계획을 강요
하거나 부추기지 않고 경험하는 그대로를 더 허용하는 진정성이
필요하다. 하비와 델파브로(2004)는 회복탄력성이 견디는 능력을
증진시킬 수 있다고 제안한다. 회복탄력성이 지지적인 공동체 제
공과 같은 보호요인을 증진시키고, 다름과 다양성을 허용하고, 위
험요인을 줄여 주기 때문이다. 이런 의미에서 만약 임상실무자들
이 가치를 느끼지 못하고, 소진과 스트레스를 느끼고 있으며, 상당
히 불안해하고 자기돌봄을 하지 못한다는 것은 위험한 신호라고
할 수 있다.

　양질의 돌봄을 제공하기 위해서는 전문가 양성이 잘 이루어져
야 한다. 즉, 교육과정과 학생 혹은 수련생은 역량과 자질의 기준
을 충족시켜야 한다. 자비로운 마음을 기르기 위해서는 교육과정
의 외부 기준을 충족시키려고 애쓰기보다는 호기심과 발견의 자세
를 취하는 것이 도움이 될 수 있다. 이는 특히 평가와 갈등을 일으

키는 측면이다. 진정한 관심과 발견하고자 하는 자세는 자기자비
적인 마음가짐을 향상시켜 회복탄력성을 증가시킨다. 교육자로서
나는 "옳은 것에는 많은 방법이 있다."라는 격언과 "만일 틀리지 않
다면 그것은 옳은 것이다."라는 말에 따라 살려고 노력한다. 학생
이자 수련생으로서 나는 여전히 구조화된 지침과 분명한 체크박스
를 선호한다. 하지만 궁극적으로는 더 많은 성장과 학습은 직접 자
료를 탐구하는 내적으로 동기화된 즐거움으로부터 발생한다고 믿
는다. 기회에 내재된 불확실성을 다루는 것은 가치 있는 시도라고
생각한다.

자비를 통한 회복탄력성

임상수련 생활은 자비를 발달시킬 수 있는 많은 기회를 제공한
다. 우리는 타인의 인생 경험과 관점을 학습하고, 타인의 경험을 되
돌아보는 것을 배우고, 타인의 발달 및 어려움 그리고 의사소통에
대해 사고하는 법을 배우며 유사한 생각을 가진 사람들과 만나는
등 다양한 배움의 기회를 접한다. 하지만 초심자가 되어 평가를 받
고 있는 과정은 때로 자비로운 마음 상태와 충돌하기 마련이다.

수련 과정에서 발생하는 여러 가지 어려움을 통찰함으로써 오히
려 자비를 가질 수 있다. 소진을 방지하기 위해 스스로를 돌보는 일
은 특히 중요하다. 즉, 자기돌봄은 매우 중요하다. 자기돌봄은 모
든 변화에 포함된 불확실성을 허용하고, 필요한 성취를 넓은 시각
으로 보게 하며, 발견하는 학습을 즐기도록 돕는다. 마지막으로,
결코 빠뜨릴 수 없는 자기돌봄의 이점은 타인과의 효과적인 관계

방식을 촉진한다는 것이다.

　교육자, 교육기관들은 (자기)자비를 증진시키는 방식으로 학습, 교수, 평가 환경을 조직하면서 서로 모순되는 요구들을 처리할 필요가 있다. 회복탄력성은 불확실성과 다양성을 허용하는 방식으로 진솔하게 성찰하고 관계 맺게 하며 탐색을 촉진하는 기회를 통해 향상시킬 수 있다.

참고문헌

Baxter, A., & Britton, C. (2001). Risk, identity and change: Becoming a mature student. *International Studies in Sociology of Education, 11*(1), 87-104.

Bruner, J. (1986). *Actual Minds, Possible Worlds*. Cambridge, MA: Harvard University Press.

Gilbert, P. (2010). *The Compassionate Mind*. London: Constable.

Gilbert, P., & Choden, P. (2015). *Mindful Compassion*. London: Robinson.

Gilbert, P., & Procter, S. (2006). Self criticism: Overview and pilot study of a group therapy approach. *Clinical Psychology and Psychotherapy, 13*, 353-379.

Harvey, J., & Delfabbro, P. H. (2004). Psychological resilience in disadvantaged youths: A critical overview. *Australian Psychologist, 39*(1), 3-13.

Phillips, A. (1997). *Terrors and Experts*. Cambridge, MA: Harvard University Press.

Rogoff, B., & Toma, C. (1997). Shared thinking: Community and institutional variations. *Discourse Processes, 23*(3), 471-497.

Salzberger-Wittenberg, I. (1983). Hopeful and Fearful Beginnings. In I. Salzberger-Wittenberg, G. Williams, & E. Osborne (Eds.), *The Emotional Experience of Learning and Teaching.* New York: Routledge and Kegan Paul Ltd.

Shanahan, M. (2000). Being that bit older: Mature students' experience of university and healthcare education. *Occupational Therapy International, 7*(3), 153-162.

Vygotsky, L. (1978). *Mind in Society. New Edition.* Cambridge, MA: Harvard University Press.

Winnicott, D. W. (2005). *Playing and Reality.* London: Routledge.

제9장

임상심리 수련에서의 자비

· · · · · ·

제니 셔틀워스 데이비스(Jenny Shuttleworth Davies) 박사, 임상심리학자, 임상 강사

> 사랑과 자비는 필수품이다. 사치품이 아니다. 사랑과 자비 없이는 인간
> 성이 살아남을 수 없다.
>
> —달라이 라마(Dalai Lama)—

나는 사랑과 자비를 늘 알고 있었던 것 같다. 아마도 나는 사랑과 자비를 항상 느꼈다고 말해야 할지도 모르겠다. 사랑과 자비는 알아차려야 존재한다. 우리는 어릴 적 살아남기 위해서는 타인의 돌봄이 필요하며, 타인으로부터의 버려짐은 죽음을 의미하는 것으로 경험한다. 어릴 적 누군가의 사랑과 돌봄으로 가장 무서운 시간들을 버텨 낸 기억이 있다면 행운이다.

내 이름은 제니(Jenny)이다. 나는 임상심리학자이고, 랭커스터 대학교 임상심리학 프로그램의 강사이다. 나는 자비에 기반한 마음수련(Compassionate Mind Training: CMT) 집단에 대해 쓰고자 한다. 임상심리 수련과정이 처한 맥락을 이해하는 것으로부터 시작할 것이다. 그리고 자비에 기반한 마음수련(CMT)의 세계로 들어간 나의 여정에 대해 간단히 설명한 후, 임상심리 수련생들이 참여하는 자비중심 집단(compassion-focused groups)을 이끄는 즐거움과 도전에 대해 나눌 것이다.

두 개의 세계

임상심리 수련은 흥미롭고 역사 깊은 장이고, 학계와 의료계에 존재하는 커뮤니티이다. 이 수련은 한 곳에만 머물러 있을 수 없는 과정이다. 수련생들의 경우, 한 발은 수련과정인 국민보건서비스(National Health Service: NHS)에 두고 반대쪽 발은 대학 현장에 둔 채 학생으로서의 역할과 정신건강 전문가가 되기 위한 수련과정에서 타협과 균형을 이루어 가고 있다.

영역을 넘나들며 존재하는 이 두 세계는 의미 있는 이론과 실제의 연결을 가능하게 한다. 학생으로서의 역할과 정신건강 전문가가 되기 위한 수련과정이라는 두 세계에 '추동(drive)'의 경향이 있으므로 이는 또한 하나의 도전이 되기도 한다. 본질적으로 임상수련은 '행하기' '고군분투하기' '성취하기'에 관한 것이다. 국민보건서비스에서는 행하고, 고군분투하고, 성취함으로써 사람들을 살리고 건강해지게 한다. 학계에서 비약적인 도약을 이루고 고군분투

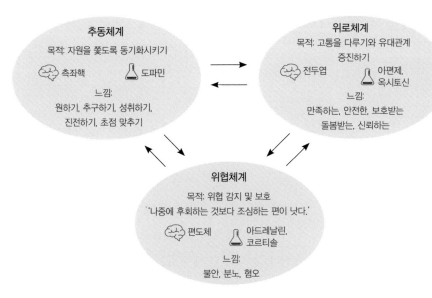

[그림 9-1] 정서 조절체계: 자비에 기반한 마음 접근

하며 성취한 결과이다. 추동 자체는 문제가 아니다. 문제는 추동이 과하게 자극을 받는 상황에 처해 있을 때(Pani, 2000) 그리고 위협체계(threat system)와의 복잡한 상호작용을 통해 위로하고 위로받는 역량을 잃게 될 때 일어난다([그림 9-1] 참조).

기본적으로 여기서 논의하는 바는 영국의 국민보건서비스와 교육 시스템은 위로체계가 흔들릴 정도까지 위협 및 추동 체계가 작동되고 강화되는 맥락을 만들었다는 것이다.

교육은 많은 교사가 의미 있는 학습을 방해한다고 믿는 초등학교 평가제도와 함께 시작한다. 첫 SATS(전국교육과정평가; National Curriculum assessment)가 시작된 지 25년이 지난 지금, 90%의 교사가 이러한 시험 준비가 아이들의 안녕, 정신건강 및 자신감에 부정적인 영향을 미친다고 언급했다[National Union of Teachers(NUT),

2016]. 위협체계는 교육 시스템 내에 전반적으로 존재한다. 교직원들의 스트레스 수준이 '급증하였다'는 보고에서 볼 수 있듯이, 위협체계는 학생들에게는 물론 교사들에게도 영향을 미친다[British Broadcasting Corporation(BBC), 2015a].

14,000명의 대학 교직원이 참여한 최근 연구에서는 학자들 사이에서 스트레스 수준이 증가하고 정서적 안녕이 악화되고 있는 것으로 나타났다(Kinman & Wray, 2013). 이러한 현상은 과도한 업무량, '장시간의' 운영 요구라는 맥락 안에서 나타난다. '위협'체계는 두려운 부정적 사건을 피하고자 하는 욕구를 불러일으키는데, 이는 '필연적(해야 한다)' 기능으로 제공되고 증가한다(Gilbert, 2009).

국민보건서비스의 경우도 마찬가지이다. 보건관리 신탁병원 사업이 운영되고 있는 실정에서는 목표중심 관료주의와 비용 절감이 중요하며(Cole-King & Gilbert, 2011) 위협체계가 번창한다. 지난 4년 동안 영국 전역의 신탁병원에서 불안, 스트레스 및 우울 등의 정신건강 문제로 결근하는 직원의 수는 두 배로 증가하였다(BBC, 2015b).

실패가 눈에 띄게 부각되며, 실패에 대한 책임을 질 사람을 추궁하여 결과의 책임(처벌)을 지게 한다. 미드-스태퍼드셔 신탁병원(Mid-Staffordshire Hospital Trust) 공개 조사의 여파와 정부의 〈프랜시스 보고서(Francis report)〉[1]에 대한 반응으로(Powell, 2013), 변화

---

1) 역자 주: 2013년 로버트 프랜시스(Robert Francis) 경이 발표한 미드-스태퍼드셔 신탁병원 스캔들 조사 보고서. 미드-스태퍼드셔 신탁병원 스캔들은 2000년대 후반 영국의 미드-스태퍼드셔 신탁병원 환자들에게 형편없는 돌봄을 제공해 높은 사망률에 이르게 한 사건이다. 이 병원은 미드-스태퍼드셔 NHS 신탁재단(Mid-Staffordshire NHS Foundation Trust)이 운영하였다.

를 촉진하려는 시도로서 수치심이라는 언어가 사용되었다. 물론 사람들은 죽어 나갔고, 이는 수용할 수 없는 일이다. 하지만 이런 질문이 남는다. 임상실무자들의 위협 수준을 높이고 그들을 혼내는 바람에, 정작 바람직한 성과를 성취할 수 있는 더 안전하고 자비로운 노동력을 만들어 내지 못하고 있지는 않은가?

현실 상황에 자비에 기반한 접근 가져오기

다양한 작가가 여러 종류의 개입에 대해 논했다. 『이기적인 사회: 우리는 어떻게 사람이 아닌 돈을 사랑하게 되었나(The Selfish Society: How We All Forget to Love One Another and Made Money Instead)』에서 수 거하트(Sue Gerhardt)는 "우리는 사회적 유대관계를 좀먹어 온, 수십 년의 개인주의와 소비주의의 완성품이라 할 수 있는 가난한 정서적 문화 속에 살고 있다."(Gerhardt, 2010, p. 12)라고 논한다. 그녀의 중심 신조는 자본주의와 합리화에 대한 강조가 자녀 양육 방식에 영향을 미쳤으며, 결국 정서적 존재로서 타인과 자신을 진정으로 이해하고 서로 연결하는 사회인으로서의 우리의 능력을 감소시켰다는 것이다.

유사한 맥락으로, 밸럿(Ballatt)과 캠플링(Campling)은 『지적인 친절(Intelligent Kindness)』에서 "사회적이고 개인적인 삶뿐 아니라 정치적 · 경제적 측면에서의 경쟁과 개인주의의 증진은…… 자비롭고 창의적이며 심지어 자연스러운…… 안녕으로 가는 길"(2011, p. 13)이라는 아이디어의 오류를 지적했다. 그들은 다윈 이론(Darwinian Theory)의 잘못된 적용을 부각시켰다. 그들은 국민보

건서비스가 영국인들이 공익을 위해 싸우고 희생했던 제2차 세계
대전 후에 건립되었음을 상기시켰다. 또한 국민보건서비스가 동족
과 친절에 기반한다고 주장하면서, 도적적 · 윤리적 · 재정적으로
도 동족과 친절의 개념으로 복귀할 필요가 있다고 설파했다.

『이기적인 사회』와 『지적인 친절』 모두에서 저자들은 최고의 인
간적인 수준에서 조직적이고 사회적인 변화를 논하고 있다. 조직
과 사회는 사람들로 구성된다. 사람들은 서로 상호작용하며, 최적
의 상태에서 기능하고자 사랑과 친절을 필요로 한다. 또한 자비를
경험한다면 죄책감을 느끼거나 자기수정을 할 수 있으며, 수치심
에 기반한 공격을 경험한다면 위협체계로 물러날 수 있다.

〈하버드 경영 보고서(Harvard Business Report)〉는 이러한 사고를
실천한 사례를 제시한다. 미시간의 레이크랜드 건강관리 시스템
(Lakeland healthcare system)의 최고 경영자는 환자의 만족도를 향
상시키기 위해 노력했다. 그는 변화는 머리가 아닌 마음에서 온다
고 결론 내렸다.

> 우리가 환자로 하여금 얼마나 그들을 잘 돌보는지뿐만 아니라 그들에
> 게 얼마나 많은 관심을 가지고 있는지를 확실히 알게 하는 것이 중요하다.
> 우리는 더 많이 사랑하는 법을 배울 것이다. 환자를 사랑하기 위해서는 마
> 음을 다하여 새롭고 창의적인 방법으로 일하기를 바란다(Hamel, 2015).

그는 임상실무자에게 환자의 각 단계(입원, 치료, 퇴원)에 따라 어
떻게 다르게 개입할지를 가르쳐야 한다고 생각하지 않았다. 대신
임상실무자가 각 단계에서 환자들과 '마음으로 느껴지는 관계연결
성'을 쌓을 수 있으리라 믿었다. 그리고 그는 임상실무자로 하여금

동료들과 서로 환자들의 이야기를 나눌 것을 격려했다.

이러한 관계연결성의 증진은 효과가 있었다. 환자의 만족도가 치솟았을 뿐 아니라 임상적 이점 또한 명백해졌다.

> 우리는 생명을 살리고, 건강을 증진시키고, 희망을 회복하는 일을 하고 있다. 우리가 환자의 마음에 닿으면 환자와 우리 모두 이완 반응을 발생시키고, 혈압을 낮추고, 행복 신경전달물질을 향상시키고, 고통을 줄이고, 더 나은 결과를 낳는 회복적 관계를 만들 수 있다(Hamel, 2015).

나는 친구 및 동료와 트위터를 하면서 이 혁신적인 글을 읽게 되었다. 고통스러워하는 남편을 치워 달라는 아내의 요청을 받고 출동한 보안요원과 함께 개입했던 간호사의 이야기를 읽으면서 목이 메고 눈이 찌푸려졌다. 간호사는 아내에게 남편을 안아 줄 수 있는지 물었다. 나는 잠시 멈추고 스스로에게 물었다. 하루 동안 마음으로 느끼는 진심 어린 연결을 얼마나 많이 경험하고 있는가? 얼마나 자주 사람들에게 위협체계에서 나와 마음이 더 진정되는 곳으로 가라고 촉진하는가?

마음챙김을 채택한 학교들의 경우, 이러한 접근이 학생들의 정서적 안녕뿐 아니라 행동에도 긍정적인 효과를 보인다는 증거들이 있다.[2] 마음챙김은 위협체계나 추동체계보다는 위로체계로 우리를 이끌어 줄 수 있도록 도와주는 접근이다. 비록 마음챙김이 '성취하기'는 아니지만, 이러한 마음챙김의 성과는 교육 시스템에서 환영받을 만한 일이다. 경쟁적인 모델에서 벗어나 자기 및 타인과 더

---

[2] 연구적 증거의 세부사항은 https://mindfulnessinschools.org 참조.

많이 연결되는 것이 이롭다는 사실은 학계에서도 점점 더 인정받고 있는 바이다. 아마도 이러한 견해는 오랫동안 유지되어 왔으며, 소셜미디어를 통해 더 많은 사람이 공유할 수 있게 되었다. 2014년, 민족학자 앤 갤러웨이(Anne Galloway)는 트위터에 다음과 같은 글을 올렸다. "내가 학계에 뛰어들었을 때 들었던 최고의 충고: '우리 모두 똑똑하다. 당신을 친절함으로 차별화하라.'" 후에 수천 개의 '좋아요'가 달렸고 리트윗되었다. 이 말은 나를 포함하여 많은 이의 심금을 울렸다고 생각한다.

자비에 기반한 마음 작업으로의 여행

내가 자비에 기반한 마음수련에 처음 입문한 것은 미셸 크리(Michelle Cree)가 주산기[3] 행사(perinatal event)에서 한 말을 들었을 때였다(Cree, 2015). 나는 정말 놀랐다. 나는 몇 년 동안 임신기에 있는 가족들에게 서비스를 제공하는 일을 해 왔다. 자비에 기반한 마음이론은 세상에 대한 나의 이해와 잘 맞았고, 오히려 나의 이해를 확장시켜 주었으며, 나에게 매력적으로 와닿았다. 자비로운 마음이라는 틀이 나라는 사람과 나의 일에 얼마나 유용할지 알 수 있었다.

무엇보다 가장 매력적인 요인은 미셸 자신이었다. 그녀는 자비를 몸소 구현하였다. 그녀는 '현명하고 친절한' 안정애착형(Circle of Security)의 모습이었다(Powell et al., 2013). 그녀는 인간이 진정으

---

3) 역자 주: [산과(産科)의] 주산기(周産期), 산전 · 산후를 가리킴.

로 존재하는 것의 고군분투에 대해 말했고, 그녀 자신이 진솔해지기 위해 노력하고 있었다. 그녀는 꾸준함과 따뜻함이 있었지만, 가장 중요한 내면의 힘은 자신과 타인의 취약성을 수용할 수 있는 능력인 것 같았다.

자비에 기반한 접근이 한 사람에게 너무 많이 초점을 맞추는 것 같아서 낯설게 보일 수도 있다. 하지만 나는 한 사람에게 초점을 맞추는 것이 실제로 자비에 기반한 마음 접근의 강점이라고 생각한다. 자비에 기반한 마음 접근을 잘 사용한다면 사람들 간 연결이 가능하다.

나는 자비에 기반한 마음 작업을 하면서 많은 것을 배웠다. 이 접근을 활용하여 주산기 일을 시작하면서 운 좋게도 미셸에게 수퍼비전을 받을 수 있었다. 가정폭력, 아동보호 과정 등 엄청난 위협 수준을 경험했던 가족들을 보살피면서 나는 자비에 기반한 마음수련의 힘에 놀랄 수밖에 없었다. 자비로운 마음은 내가 임상가로서 일하는 하나의 방법이 되었으며, 나는 이 일을 떠나 대학에서 임상 강사 일을 시작했을 때에도 자비로운 마음을 생생하게 계속 유지하고 싶었다. 자비에 기반한 실천은 나 개인에게도 이점을 가져다준다는 사실을 깨달았다. 또한 수련생들에게 이 접근은 자신의 진로를 일구어 가는 데 도움을 줄 것이라 생각한다.

자비에 기반한 마음 집단 프로그램

나는 랭커스터 대학교의 스태프로 일하는 동안 임상심리 수련생을 위한 '개인적 발달 및 성찰(Personal Development and Reflection:

PDR)' 교육과정을 맡았다. 작은 규모의 우리 팀은 수련생의 개인적 발달과 성찰을 증진할 수 있는 전략을 개발했다. 현재 우리는 개인적 발달 및 성찰(PDR) 교육과정을 졸업학년 교육과정의 일부로서 자비에 기반한 마음수련에 토대를 두고 5년째 진행하고 있다.

프로그램의 구조와 내용

3학년 졸업학년 수련생을 대상으로 하는 개인적 발달 및 성찰(PDR) 교육과정은 1년 동안 6회기로 이루어져 있다. 즉, 2개월에 한 번씩 만나서 진행되는 프로그램이다. 대개 각 집단별로 6~8명의 수련생들이 참여하며, 강사가 집단 촉진자 역할을 한다. 첫날은 집단 계약을 맺고 그 경험 안에서 안전에 대해 생각해 보는 시간을 보낸다. 그리고 나서 자비에 기반한 마음 접근의 배경 이론을 살펴본다. 그리고 마음의 힘을 알아보고, 몸의 자세가 경험하기와 이후 이어지는 행동에 어떻게 영향을 미치는지를 탐색하는 체험학습을 시작한다. 그 후 자비로운 주의집중/마음챙김과 관련된 운동을 실행한다. 회기가 끝날 즈음에는 다음 회기까지 자비를 어떻게 유지할지를 계획하고 마무리한다. 즉, 집단원 각자는 어떤 것에 전념해 보기로 계획한다.

두 번째 집단 회기에서는 자비의 심상을 경험한다. 세 번째 회기에서는 자비의 틀을 활용하여 우리 자신을 이해하고 나타내는 데 집중한다. 네 번째 회기는 자기비난과 수치심이 우리 삶에서 어떤 역할을 하는지 이해하는 데 전념한다. 다섯 번째 회기에서는 자기 자신에게 자비로운 편지를 쓴다. 집단의 마지막 회기는 이때까지의 집단 경험을 서로 나누는 시간으로, 수련생들은 수련을 통한 개인적 여정이 어떠했는지 이야기하고 작별인사를 나눈다.

촉진과 수퍼비전

집단 프로그램의 구조와 내용은 주로 미셸과의 수퍼비전을 통해서 도움을 받았다. 수퍼비전을 안정적으로 받는 것은 이 과정에서 매우 중요한 부분이다. 콜-킹과 길버트(Cole-King & Gilbert, 2011)는 국민보건서비스에서 자비가 어떻게 작용할 수 있을지 조명한다([그림 9-2] 참조).

환자가 자비로운 보살핌을 받으려면 보살핌을 제공하는 사람(임상실무자)이 진정으로 자비로운 마음가짐을 보여 주는 것이 필요하다. 임상실무자가 진솔한 자비로운 마음을 가질 수 있느냐는 그들이 받는 수련과 작업환경에 달려 있다. 결국 이는 조직의 질, 가치가 달린 문제이다.

나와 동료들은 수련생을 위한 교육과정에서 자비에 기반한 마음

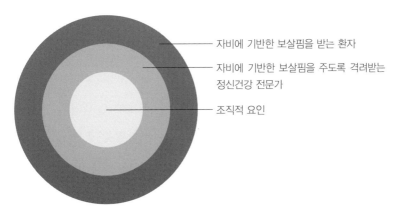

자비에 기반한 보살핌을 받는 환자

자비에 기반한 보살핌을 주도록 격려받는 정신건강 전문가

조직적 요인

[그림 9-2] 자비에 기반한 건강 돌봄에 영향을 주는 요인

출처: Cole-King & Gilbert (2011).

수련 집단에서의 우리 자신의 경험을 알리고 싶었다. 미셸의 자비에 기반한 수퍼비전과 임상감독관 애나 데이치스(Anna Daiches)의 지원은 많은 도움이 되었다.

자비에 기반한 마음 집단 프로그램에 대해 수퍼비전을 받았는데, 놀라웠던 점은 내 경험에 초점을 맞추어 진행한다는 점이다. 가장 중요한 부분은 수퍼비전 자체가 자비에 기반한다는 것이다. 그야말로 살아 있는 생생한 자비 모델이었다. 수퍼비전에서 집단을 촉진하면서 고군분투했던 문제를 꺼냈을 때 그 문제를 인정하고 실제로 검토하고 자비로 그러한 힘든 부분을 대했다. 즉, '해결책'이나 그 문제를 견딜 수 있는 방법도 모두 자비에서 도출해 냈다.

처음에 나는 내 경험으로 수퍼비전 시간을 채우는 것에 대해 사과했는데, 이에 미셸은 "이게 일하는 겁니다."라고 반응했다. 이 말을 납득하고 믿는 데 시간이 필요했다. 그러나 이러한 경험이 바로 자비중심 작업에 대한 '진실' 중 하나이다. 적어도 내가 믿는 진실 중 하나이다. 자비는 다른 누군가에게 여러분이 '할 수 있는' 어떤 것이 아니다. 브레네 브라운(Brené Brown)이 테드 토크(TED talk)에 '취약성의 힘(The Power of Vulnerability)'이라는 주제로 나와서 언급한 말이 있다. "만일 우리가 스스로를 친절하게 대하지 않는다면 타인에게 자비를 실천할 수 없다."(Brown, 2010)

우리는 태어나면서부터 자비, 친밀한 관계와 연결되어 있으며(Gilbert, 2010), 이러한 자비를 가지고 수련을 받을 수 있다(Oakes, 2013). 임상심리학 전문직에 진입한 많은 사람은 완벽할 정도로 강박적인 돌봄을 훈련한다(Leiper & Casares, 2000). 그리고 이러한 강박적인 돌봄 훈련은 오히려 타인을 돌보는 우리의 역량 면에서 대가를 치르게 하는 것 같다. 하지만 우리는 소진을 예방하기 위해 자비를 적용하고 스스로를 돌보는 능력이 필요하다는 것을 안다. 그리고 이러한 자비를 적용할 수 있을 때 관련된 모든 사람에게 더 좋은 결과가 돌아간다(Braunschneider, 2013).

도전과 보상

그렇다면 자비에 기반한 여행을 함께 시작하는 임상심리학 분야 사람으로서 우리는 무엇을 할 것인가? 우리는 어떤 도전을 하며, 우리가 경험하는 성공이란 무엇인가? 우리가 마주하는 주요 주제 중 하나는 수련과정 중에 자비 작업을 하고 있다는 것이다. 따라서 다양한 도전이 따를 수밖에 없다.

임상심리 수련과정의 주요 부분은 임상적 기술을 발달시키는 것이다. 자비로운 마음에 토대를 둔 PDR 집단은 임상 기술을 발달시킬 수 있다는 매력이 있다. 즉, 수련생은 자기와 '거리를 두고(distancing)', 타인에게 임상 기술을 적용하는 전문가 역할을 하는 데 있어서 편안함을 느낄 수 있다. 따라서 수련생은 임상 기술을 더 잘 받아들일 수 있게 된다. 예를 들어, 자비롭게 표현하도록 초점을 맞춘 집단 회기에서 수련생들은 이러한 자비 기술을 타인에게 적용하는 것을 편안하게 받아들였다. 집단 프로그램은 수련생들이 임상적으로 유용한 기술을 발달시키는 데 좋은 기회이다. 우리는 집단의 이름을 '자비중심치료(compassion-focused therapy)' 집단보다는 '자비에 기반한 마음수련(compassionate mind training)' 집단이라 부른다. 왜냐하면 수련생들로 하여금 집단에서 경험한 것을 실천하게 하고 우리가 집단 프로그램에서 제공하는 것이 치료 그 자체만은 아니라는 점을 강조하기 위해 자비에 기반한 마음수련이라는 이름을 사용했다.

그리고 또 다른 도전은 다음과 같다. 촉진자로서 우리는 교육과정을 담당하는 스태프이다. 이러한 맥락에서 우리는 수련자이지 치료자가 아니다. 우리는 수련의 다른 요소들도 신경 써야 한다. 즉, 평가과정도 우리가 신경 써야 할 부분이다. 때때로 평가과정은 실제적 위협을 대변하기도 한다. 이는 촉진자로서 우리가 실제적 위협을 대표할 수도 있다는 것을 의미한다.

집단의 다른 요소들도 위협 반응을 촉발할 수 있다. 앞서 말했던 회기에서 경험한 것을 그 다음 회기까지 실천하는 부분이다. 회기에서 만날 때마다 수련생들은 회기 사이에 자비를 어떻게 유지해 오고 있는지에 대해 이야기를 나눈다. 그리고 우리는 다음 회기에 자비가 어떻게 유지되었는지 확인한다. 만일 희망사항을 이루려고 지나치게 애쓴다면 수치심이 생길 가능성이 있다. 또한 너무 잘하려는 기준이 자기비판에 사용되는 또 다른 잣대가 될 위험도 있다. 이와 유사하게, 연말에 하는 PDR 발표—평가에 포함되지는 않지만 의무사항이다—는 수련생에게는 자신이 노출되고 판단받는 것처럼 느껴질 수 있다. 그리고 이러한 부분은 도움이 되지 않는 방식으로 '추동' 및 '위협' 체계로 작동할 수 있다.

그렇다면 우리는 어떻게 이러한 도전을 다룰 수 있을까? 이 질문이 단순하게 들리거나 '자비를 포용함으로써'라고 부드럽게 말하는 것처럼 들릴지 모르겠다. 하지만 그렇게 간단한 문제가 아니다. 폴 길버트와 미셸 크리가 모든 수련과정에서 강조했듯이, 자비는 쉬운 선택사항이 아니다. 따라서 이것이 우리가 자비에 기반한 수퍼비전, 즉 동료 촉진자로서 서로에게 자비에 기반한 수퍼비전을 제

공하고 가능한 외적 지지자원들을 활용하는 것의 중요성으로 돌아
가는 지점이다. 촉진자로서, 나는 수련생으로서는 물론 개인적인
내 욕구를 충족하는 목적으로 이 여행을 시작했다. 그리고 내가 할
수 있는 한 가장 자비로운 모습이 되고 싶다는 실제 바람을 가지고
있었다. 이는 내가 자비를 실천하고, 힘든 일로부터 도망치기보다
자비를 향해 나아가고, 때때로 취약해질 수 있음을 의미한다.

그래서 우리는 외면하지 않는다. 집단 작업 중에도 항상 잠재적
인 어려움에 이름을 붙이려고 한다. 우리는 촉진자 역할을 하는 스
태프로서 겪는 도전에 관해 이야기를 나눈다. 우리는 수련과정에
서 이러한 집단에 참여하는 것, 회기 사이에 과제로 자비를 실천하
는 것(또는 실천하지 않는 것)이 위협체계를 어떻게 활성화할 수 있
을지에 대해 논의한다. 집단 초기의 분명한 계약—집단이 어떻게
되기를 바라고, 각자 어떤 역할을 하기를 바라는지—은 이 과정에
서 중요한 부분이었다. 이 계약 덕분에 다시 시작되는 매 회기에서
안전한 구조를 유지할 수 있었다. 우리는 스스로에게 자비의 마음
으로 대하며 서로에게 "물론 우리는 그렇게 느껴. 우리의 뇌는 그
렇게 일을 해."라고 말한다.

우리는 집단 회기 사이에 서로를 어떻게 지지할 수 있을지 상의
한다. 나는 내가 촉진자로 참여했던 집단 수련생들에게는 정기적
으로 '자비로운 이메일 알리미(compassionate email reminder)'를 보
내 주었다. 우리는 솔직하게 수치심의 역할과 자기비판의 좋은 의
도에 대해 이야기를 나눈다. 수치심과 자기비판은 우리가 해야 하
는 일을 하지 않은 것에 대해 경고한다. 성공을 측정하는 척도에서
우리가 얼마나 잘했는지와는 상관없이 인간으로서 우리 모두가 괜
찮은 존재(okay-ness)라는 것을 강조한다. 스스로에게 효과적인 수

준에서 참여할 것을 서로에게 격려한다.

　그렇다면 성과는? 글쎄, 사람에 따라 다르지만, 일반적으로 자비의 측면에서 성장을 이루었다고 볼 수 있다. 자비의 성장 자체는 다양한 방식으로 나타난다. 우리는 학년 초와 학년 말에 자비 측정을 한다. 그 결과는 대개 긍정적인 방향으로의 변화를 보여 준다. 집단에서 내가 가장 좋았던 시간 중 하나는 집단원들이 점수가 바뀌지 않은 것을 서로 나누어 보기로 했을 때였다. 그들은 물론 수련의 단계에서 주어진 상황이지만 어떻게 바라볼 수 있을지에 대해 함께 논의했고, 그 당시에 경험한 것에 대해 측정치가 무엇을 포착할 수 있었을지 돌아보았다. 하지만 그 측정치가 인간으로서의 그들에 대해 근본적인 무엇인가를 반드시 말해 주지는 않는다고 회고했다. 이는 '자비'로운 태도가 작동 중이라는 것을 반영한다. 깨달음의 성장을 지켜보는 것은 놀라운 일이었다. 연초에 설문지를 작성할 때는 위협 반응이 더 많이 촉발되었을 수 있다. 하지만 연말에 그들은 자신의 상황을 이해하기 위해 자비에 기반한 자원에 의지하고 있었다.

　또 다른 좋았던 시간은 수련생들이 PDR 발표에서 무엇을 발표할지 선택했을 때였다. 그들은 취약하고 집단에서 '실제 보였던' 모습을 발표내용으로 선택하였다. 이는 브레네 브라운이 타인과의 진정한 연결을 위해서 필요하다고 설명한 모습 그 자체였다(Brown, 2010). 우리는 수련생들에게 악기 연주를 시켰고, 실수할 수 있다는 것을 알게 했고, 누구에게도 보여 주기 꺼렸던 모습에 대한 자기 이야기를 '괴짜 영상 인용(geeky film quotes)' 매체나 그림을 통해 풀어 가도록 했다. 수련생들이 발표하고 난 후, "나는 그냥 내가 될 거야."라고 말하도록 했다. 이러한 작업이 이루어지기 위해서는 진짜 용기, 자기에 대해 자비를 가지는 역량, 집단의 자비에 대한 신뢰가 필요하다. 자비는 성장해 가고 확장되어 가는 것 같다. 시간이 지나면서 수련생들은 이러한 자비 과정에 점점 더 적극적으로 참여했다. 예를 들어, 수련생들은 회기 사이에 자비의 순간들, 영화 장면, 웹사이트, 기사들을 서로 자주 나누기 시작했다. 또한 '자비로운 사람들을 만나라'고 서로 격려하기 시작했다('브레네라면 무엇을 하겠는가?').

내가 개인적으로 배운 것

나는 자비에 기반한 마음 집단에서 촉진자 역할을 할 수 있음에 특별히 감사했다. 자비의 실천은 나의 개인적 삶과 전문가적 삶의 향상에 기여했다. 내 개인적 발달사적 관점에서 보면, 시간이 지나면서 촉진자로서 나는 자신을 더 많이 나눌 수 있음을 알게 되었다. 즉, 나는 인생에서 경험한 많은 고군분투와 많은 자비의 순간을 타인과 나눌 수 있었다. 물론 위험부담이 없지는 않았으며, 항상 균형을 잘 맞춘다고 확신하지도 않았다. 하지만 자비에 기반한 접근의 아름다움 덕분에 위험부담이나 균형을 맞추지 못하는 것에 이름을 붙이고 탐색할 수 있다. 내가 맡은 촉진자라는 역할이 가진 힘을 알고 있다. 나의 과업은 가능한 한 안전한 공간을 제공하는 것이라는 것도 알고 있다. 내가 배운 것은 근본적인 인간의 경험으로 나의 취약성을 인정하는 것, 이러한 취약성에 대한 인정이 촉진자로서 내 역량을 향상시켰다는 것이다.

집단 촉진 경험을 통해 배운 또 다른 점은 맥락의 중요성이다.

도입부에서 간단히 언급한 것처럼, 국민보건서비스와 대학 시스템
은 가장 자비를 발휘하기 어려운 곳이다. 우리는 수련생을 위해 자
비에 기반한 마음 집단을 제공하는 것 말고도 수련과정을 변화시
키기 위해 여전히 할 일이 있다고 느낀다. 우리가 제공하는 환경이
진정한 학습과 자비에 기반한 자기수정의 공간을 제공할 수 있도
록 말이다. 운 좋게도 나는 이러한 변화로 나아가고 있다고 느끼는
직장에 근무하고 있다. 이것이 너무 큰 과제처럼 느껴질 때도 있지
만, 그럴 때마다 나는 좋아하는 달라이 라마의 말을 기억해 내곤 한
다. 그의 말로 이 글을 마무리하고자 한다. "당신이 세상에 변화를
창조하기에 너무 미약한 존재라고 느껴진다면 모기와 함께 잠을
청해 보십시오."

참고문헌

Ballatt, J., & Campling, P. (2011). *Intelligent Kindness: Reforming the Culture of Healthcare.* London: RCPsych.

BBC (2015a). *Teacher Stress Levels in England 'Soaring', Data Shows.* Available at www.bbc.co.uk/news/education-31921457, accessed on 20 February 2017.

BBC (2015b). *Hospital Staff Absences for Mental Health Reasons Double.* Available at www.bbc.co.uk/news/uk-england-32022114, accessed on 20 February 2017.

Braunschneider, H. (2013). Preventing and managing compassion fatigue and burnout in nursing. *ESSAI, 11,* (11). Available at http://dc.cod.edu/essai/vol11/iss1/11, accessed on 20 February 2017.

Brown, B. (2010). *The Power of Vulnerability* [TED talk]. Available at www.ted.com/talks/brene_brown_on_vulnerability, accessed on 20 February 2017.

Cole-King, A., & Gilbert, P. (2011). Compassionate care: The theory and the reality. *Journal of Holistic Healthcare, 8*(3), 29–37.

Cree, M. (2015). *The Compassionate Mind Approach to Postnatal Depression: Using Compassion Focused Therapy to Enhance Mood, Confidence and Bonding.* London: Robinson.

Gerhardt, S. (2010). *The Selfish Society: How We All Forgot to Love One Another and Made Money Instead.* London: Simon and Schuster.

Gilbert, P. (2009). Introducing compassion focussed therapy. *Advances in Psychiatric Treatment, 15*, 199–208.

Gilbert, P. (2010). *The Compassionate Mind.* London: Constable.

Hamel, G. (2015). *Innovation Starts with the Heart, not the Head.* Available at https://hbr.org/2015/06/you-innovate-with-your-heart-not-your-head, accessed on 20 February 2017.

Kinman, G., & Wray, S. (2013). *Higher Stress: A Survey of Stress and Wellbeing among Staff in Higher Education.* London: UCU Publications.

Leiper, R., & Casares, P. (2000). An investigation of the attachment organization of clinical psychologists and its relationship to clinical practice. *British Journal of Medical Psychology, 73*, 449–464.

NUT (2016). *The Crisis in Primary Assessment: NUT Survey.* Available at www.teachers.org.uk/news-events/press-releases-england/crisis-primary-assessment-nut-survey, accessed on 20 February 2017.

Oakes, P. (2013). *Crash! Who Cares: Does our Training Contribute to the Culture of Cruelty in Health and Social Care Services?* Group of trainers in clinical psychology conference, Lancaster.

Pani, L. (2000). Is there an evolutionary mismatch between the normal physiology of the human dopaminergic system and current environmental conditions in industrialized countries? *Molecular Psychiatry, 5*, 467–475.

Powell, B., Cooper, G., Hoffman, K., & Marvin, B. (2013). *The Circle of Security Intervention: Enhancing Attachment in Early Parent–Child Relationships.* New York: Guilford Press.

Powell, T. (2013). *The Francis Report (Report of the Mid–Staffordshire NHS Foundation Trust Public Inquiry) and the Government's Response.* Available at http://researchbriefings.files.parliament.uk/documents/SN06690/SN06690.pdf, accessed on 20 February 2017.

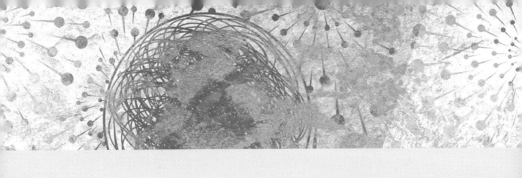

제 **4** 부

희망을 위한 공간 만들기,
회복탄력성 기르기,
자비 유지하기

사라 패리(Sarah Parry)

이 책의 주요 목표는 임상실무자를 위해 삶의 속도를 늦추며 자비를 실천했던 경험을 나누고, 자비가 어떻게 임상실무자의 안녕을 회복시키고 정신건강 서비스의 향상을 도모하는지를 살펴보는 것이다. 즉, 자비가 안녕의 기제로서 희망과 회복탄력성을 어떻게 작동시킬 수 있는지에 대한 이해를 높이고자 한다. 안전한 성찰의 공간에서 이야기를 나누고 호기심을 가지는 것은 임상실무자인 우리에게 큰 도움이 된다. 이는 우리의 공감 역량과 전반적인 안녕을 향상시키는 것뿐만 아니라 소진 가능성을 줄이고 정신건강 서비스 수행과 서비스 이용자 만족도를 높일 수 있다(Kapoulitsas & Corcoran, 2015; Krasner et al., 2009; Raab, 2014). 이 점을 염두에 두고 저자들은 자비를 실천한 자신의 경험을 아낌없이 나누어 주었다. 그리하여 공유된 자비의 힘을 되돌아볼 수 있었다. 결과적으로 이 책은 실제 개인의 이야기들로 풍부하게 채울 수 있었고, 자비에 기반한 실천의 복잡성과 유용성을 분명한 예들을 통해 볼 수 있었다. 바라건대, 이 이야기와 회고 모음집을 통해 자기 자신, 내담자, 직장 동료를 위해 자비를 길러야 한다는 생각을 더 자주 나누면 좋겠다. 이 책에서 나눈 경험들을 거울 삼아 스스로를 잘 회복시킬 수 있기를 바란다.

임상실무 분야에서 자비의 실천을 서로에게서 배운다면 우리 자신과 동료의 안녕을 회복시키고 보호 능력을 증진시킬 수 있다. 물론 자비의 실천은 내담자와 환자를 위해서도 더 좋은 성과를 이루는 데 도움이 된다. 많은 저자가 소진에 대한 자기 경험을 이야기해 주었다. 소진은 일에서의 경쟁적인 압박감, 타인을 돕고자 하는 강력한 욕구, 성취와 성공을 향한 지나친 초점화 때문에 발생했다. 하지만 소진은 변화를 위한 힘이 될 수도 있다. 소진으로 인해 어떤 일을 다른 관점에서 보게 되고, 자신의 접근을 바꿀 수도 있다. 따라서 스나이더(Snyder, 2000, 2002)의 주도사고(agency) 개념을 활용하여 도전을 극복하는 새로운 경로를 발견할 수 있다. 이 책의 세 단계를 통해서 자비를 연습하고 자비를 삶에 적용하고 타인과 자비를 나누면서 다음과 같은 세 가지 주요 주제 및 패턴을 실현할 수 있다.

① **자비에 기반한 호기심과 자신에 대한 자각**: 자비를 나누는 것이 우리 자신에게 어떤 영향을 미칠지 생각한다. 우리의 여러 가지 욕구가 다양한 환경에서 희망과 회복탄력성을 찾아갈 수 있는 역량에 어떤 영향을 미칠지 고려한다. 예를 들어, 자기의 취약한 부분들—자기비판과 아동기 스트레스 경험의 생생한 기억—은 때때로 자비로운 자기(compassionate-self)의 지원이 더 많이 필요한 것 같다. 자비로운 자기는 종종 타인과 자비를 나누면서 길러지고 증진될 수 있다.

② **아픔과 고통의 그림자 아래에서 빛을 가꾸기**: 실제로 자비의 공유와 자기친절을 실천하는 것의 이점과 난점을 탐색한다. 물론 방해가 되는 많은 외부 요인이 있다. 하지만 도전과 불확실성에 대비해서 미리 여유 공간을 만들어 놓고, '새로운 두뇌' 능력을 상상과 계획에 활용하자. 이런 과정을 통해 희망적인 경로와 주도사고를 회복할 수 있고, 대리적 희망과 회복탄력성을 취할 수 있을 것이다.

③ **자비로 온전함(wholeness) 키우기**: 다양한 욕구 그리고 **타인을 필요로 하는 욕구**(need to need)를 인식하고, 남을 도울 때도 자비를 나누는 것과 같은 연대감을 기르는 방법에 대해 생각한다.

희망적인 결과와 그에 도달하는 방법으로 가는 새로운 문을 열 수 있다. 간접적으로 회복탄력성을 경험하고 타인의 희망적인 주도사고를 본받는다면, 자기자비를 통해 결심과 희망은 다시 피어나고 성장할 수 있을 것이다.

자비에 기반한 호기심과 자신에 대한 자각

우리 안에 있는 여러 가지 '자기(selves)'에 대한 개념은 최근 몇 년 동안 다양한 이유로 매우 자연스러운 주제가 되었다. 첫째, 운 좋게도 내가 맡은 연구과제에서 해리성 정체성장애[1]로 진단받은 사람들을 만날 수 있었다(Parry, Lloyd, & Simpson, 2016). 그들은 자신에게 있는 여러 가지 자기 부분에 대한 경험을 친절하게 나에게 이야기해 주었다. 이 연구 경험은 나에게 아주 강렬하게 와닿았다. 아마도 가장 흥미로운 발견 중 하나는 위협체계와 소통하고 위로하기 위해서는 전체 자기(self) 중 아이 부분(younger child parts)과 접촉해야 한다는 것이다. 예를 들어, 어떤 연구 참여자들은 자기의 성인 부분(adult parts)이 어떤 상황을 합리화하고 처리하는 데 기여하고 있지만 아이 부분이 그 상황을 이해하기 어려워한다면 계속해서 위협감과 높은 수준의 스트레스를 느꼈다고 설명했다. 결과적으로 그들은 전반적으로 스트레스를 느꼈고 지쳐 갔다고 했다.

자기의 여러 가지 부분이 가진 경험을 탐색하는 일이 꽤 자연스

---

1) 더 많은 정보는 국제 트라우마 해리 연구학회(International Society for the Study of Trauma and Dissociation, 2010) 참조.

러운 또 다른 이유는 나 자신뿐만 아니라 사람들이 스스로 구획화
(compartmentalise)를 하고 있음을 알게 되었기 때문이다. 어렸을
때 나는 "나의 일부는 ……라고 생각해요(part of me thinks……)." 또
는 "나의 일부는 ……라고 느껴요(part of me feels……)."와 같이 대
화를 시작했던 것으로 기억한다. 주변 사람들이 특정 상황에서 매
우 다르게 행동하는 것을 본 기억도 난다. 자비에 기반한 마음수련
(예: Gilbert & Procter, 2006)에서 다중 자기 작업(multi-self work)은
특히 강력하다. 왜냐하면 특정한 생각과 느낌이 어디로부터 온 것
인지, 그리고 그러한 반응의 토대가 되는 이전 경험, 대개는 아동기
나 관계 경험이 무엇인지 살펴보는 것으로 시작하기 때문이다. 어
떤 자기들은 특정한 스트레스나 위협 상황을 특히 잘 발견할 수 있
다. 이러한 상황이 바로 돌봄이 좀 더 필요하다는 것을 의미한다.
예를 들어, 제8장과 제9장에서 시몬 볼(Simone Bol)과 제니 서틀워
스 데이비스(Jenny Shuttleworth Davies)는 교육적인 맥락에서의 아
이 자기(young self)의 역할에 대해 고려하고 있다. 시몬은 아동·
청소년이 예전에 위협과 두려움을 어떤 방식으로 다루었는지가 현
재의 '더 크고 힘 있는' 사람들의 도전에 어떻게 대처할지에 영향을
미친다고 생각한다. 또한 제니는 스트레스가 학년 초에 어떻게 시
작되는지에 대해 언급하고 있다. 종종 교사는 스트레스 반응의 모
델이 된다. 교사는 어린 제자들을 대신해서 '수행'에 대한 압박감을
심하게 느낀다. 그렇다면 우리는 어릴 때부터 학습과 작업환경에
서 스트레스를 직면할 때 '추동/위협' 체계로 반응하도록 조건화된
것일까? 어린 시절의 수행, 스트레스, 목표 추구와의 관계가 성인
이 되어서도 어릴 적의 특정 방식을 고수하면서 반응하도록 이끄
는 것일까? 어려움을 겪는 상황에서 우리 자신이나 동료의 어리고

취약하고 스트레스 받는 부분과 소통한다면, 성공으로 가는 새로운 경로를 개발하는 새 발판을 찾게 될 것이다. 해결책과 문제 해소를 향한 집단적 주도사고(collective agency)가 향상되어야 한다. 현재 영국의 보건사회복지 시스템의 취약성을 고려한다면, 일하는 방식에 있어서 지금만큼 긴급한 변화가 필요한 시기는 없어 보인다.

시몬은 건강관리 전문가, 교육자, 박사과정 수련생이다. 그녀는 자신의 이러한 독특한 위치를 활용하여 고등교육체계가 개인의 자기감, 능력, 주도사고에 미치는 영향에 대해 성찰하고 있다. 그녀는 위계적인 환경이 지각된 주도사고, 자원, 임파워먼트에 어떻게 영향을 미치는지에 대해 논하고 있다. 특히 그녀는 타인과의 관계연결성이 없을 때 수치심이 어떻게 자랄 수 있는지를 탐색하였고, 실패와 실망을 은폐할 때 타인과의 관계는 단절되고 소외감은 소속감 상실로 이어진다고 생각했다. 자비로운 틀 안에서 폴 길버트(Paul Gilbert)의 세 가지 정서 상태를 묘사하면서, 시몬은 '하고자 하고 알고자 하는(to do and know)' 추동과 '하고자 하거나 알고자 하는(to do or know)' 기대에서 나온 위협이 어떻게 주도사고와 선택권이 없어진 것처럼 느끼게 만들어 버리는지에 대해 살펴보고 있다. "유아 같은 상태, 즉 알지 못하는 낯선 환경에서 무력감을 느끼는 상태는 특히 새로운 교육 경험의 초기에 두드러진다." 이러한 시나리오에서는 희망을 위한 주도사고가 없다면 무력감이 나타날 가능성이 높아지는 것 같다. 이러한 정서 상태는 많은 환경—예를 들어, 새로운 수련과정의 시작, 새로운 직업의 시작, 내담자로서의 첫 경험, 새 환경에서 일하기 등—을 넘나들며 존재한다. 특히 임상실무자들은 이러한 과정을 알아야 하며, 서비스 관리자와 임상 지도자들에게 희망의 중요성에 대해 교육하는 것이 중요하다. 이

러한 희망을 강조하는 교육을 통해 새로움을 탐색할 수 있는 안전
하고 안정적인 기지를 만들 수 있으며, 자기와 타인에 대한 인지적
능력과 긍정적 지각을 향상시킬 수 있다.

커스틴 애서턴(Kirsten Atherton)은 임상심리학자로, 아동과 가족
을 치료하며 다양한 수련 배경을 가진 동료들과 협업하고 있다. 그
녀는 고통스럽고 불안정한 환경에 처할 수 있는 부모와 동료에게
양육, 온정, 수용을 제공하는 것이 관계에서의 신뢰를 형성하게 하
고, 궁극적으로 아이를 보살피는 더 안전한 접근을 향상시킨다고
말한다. 즉, 아이를 둘러싼 체계 내의 사람들을 지원하는 데 있어
서 자비의 역할을 인식하는 것, 그리고 아이를 둘러싼 주변 사람들
이 경험하는 수치심이나 불안 등의 취약함을 인식하는 것이 중요
하다. 이러한 자비로운 인식을 통해 가능한 선택안을 탐색할 수 있
는 보호 공간과 안전 기지를 만들어 낼 수 있다. 이것이 바로 자비
의 지혜인 것이다.

또한 이 책의 몇몇 이야기 속에는 서로 다른 기능을 하는 **자기들**
(selves)에 대한 이야기가 담겨 있다. 폴 길버트의 자비에 기반한 마
음수련과 자비중심치료에 대한 저서와 강의는 자기의 부분들이 어
떻게 때로는 꽤 독립적으로, 때로는 반대로 작용하는지에 대해 더
많이 이해할 수 있도록 도와준다. 예를 들어, 불안감을 느끼는 나,
분노를 느끼는 나를 걱정하는 내가 서로 교차하는 느낌이 들 때가
있다. 마찬가지로, 내가 참여했던 자비에 기반한 마음수련 집단에
서 가장 크게 변화가 이루어진 순간은 다중 자기(multi-selves)에 대
한 탐색을 했을 때였다. 우리는 두려워하고 분노하는 자기, 방어적
이고 불안한 자기, 늘 최고를 원하며 고집스럽게 자기비판을 하는
자기에 대해 나누면서 탐색해 갔다. 이 순간에 자비는 온전한 자기,

실수, 흠, 그리고 모든 것에 흘러들어 갈 수 있었다.

　리즈 톨런타이어(Liz Tallentire), 한나 윌슨(Hannah Wilson), 시애라 조이스(Ciara Joyce)와 나는 개인적인 성찰에서 기술했던 것처럼 자비에 대한 자각과 앎이 커짐에 따라 점차 자기비판의 모습을 알아차리게 되었다. 또한 이러한 깨달음은 대안적이고 건강하고 장기간의 지속 가능한 전략이 필요함을 시사해 준다. 이 전략은 자비로운 자기에 익숙해지고 자비로운 자기를 강화함으로써 나타날 수 있는데, 이러한 자기자비에 토대를 둔 전략은 관계와 건강을 해치지 않는다. 명시적으로 언급하지는 않았지만, 메리 프렌더개스트(Mary Prendergast)는 자신의 글에서 감사 일지와 성찰 질문이 자신과 타인—아마도 특히 자기비판적인 부분—에 대한 호기심과 자비를 어떻게 향상시켰는지를 회고하고 있다. 그녀는 감사 일지와 성찰 질문을 통해서 자기 일에서 의미, 목적, 만족도가 향상되었음을 발견했다.

　자기비판의 역할과 힘은 여러 장에 걸쳐 다양한 형태로 논의했다. 시몬은 전문가적 정체성에 관해 언급하였다. 시몬은 개인이 내적 자기비판을 더 강하게 하는 것을 오히려 안전하다고 여긴다고 제안하고 있다. 왜냐하면 내적 자기비판을 하면 권력을 쥔 '타인'의 외부 비판을 제지할 수 있기 때문이다. 중요한 점은 시몬이 말했듯이 자신을 '빛나는 완성품'으로 보여 주는 것은 인간적 혼란스러움을 숨길 수는 있지만 아마도 거짓된 온전함을 연기하게 할 것이라는 것이다. 교육자로서 '교육' 경험을 이야기할 때 실패를 한 번 일어난 불행한 일이자 은밀하고 조용히 회복해야 하는 일이라고 말하기보다는 교육받는 과정의 자연스러운 부분으로 말하는 것이 좋다. 이러한 실패 경험을 받아들이고 자연스러운 일부분으로 언급한다면 타인들과 더욱더 실제적이고 진실되게 경험을 나눌 수 있을 것이다. 이는 아마도 교육과 학습에서 대리적 회복탄력성의 모델이 될 것이다. 한나와 시애라가 집필한 장에 좋은 사례가 있다. 그들은 한 인간으로서 완벽하지 않음을 유머를 섞어서 솔직하게 이야기하고 있다. 이는 서로에 대한 이해를 증진시키며, 함께하는 느낌을 경험하게 했다. "또한 자기자비는 자신을 위해 최선을 다해 전념하는 것이고, 이 노력에 따르는 도전에 대해 책임지는 것이다." 그들의 '완벽하지 않은 자기(imperfect-self)'의 발달 이야기에서 어린 시절 양육의 결과로 우리 자신의 일부가 되어 버린 자기비판처럼, 우리가 파편화된 방식으로 발달하고 있다는 점도 엿볼 수 있다. 우리의 자기들은 어린 시절의 양육과는 달리 좀 더 많은 격려가 필요할 수도 있다.

아픔과 고통의 그림자 아래에서 빛을 가꾸기

역경과 마주했을 때 자기자비는 정서적 회복탄력성을 지원한다. 자기자비는 돌봄체계를 위해 위협체계를 해체한다(Gilbert & Procter, 2006). 나는 보건사회복지 분야에 일하는 대학원생 제자들과 함께 자비, 자기친절의 힘에 대해 이야기하기를 좋아한다. 정말 일리가 있는 이야기이기 때문이다. 나는 제자들에게 진화생리학과 부교감신경계 강화의 필요성, 신체적 기능과 안녕에 작용하는 미주신경의 놀라운 힘 등 자비에 기반한 접근의 근거가 되는 증거를 소개했다(설득력 있는 사례는 Stellar et al., 2015 참조). 자비에 기반한 접근을 다각도로 검증해 보지 않고 임상 현장에서 수련과 철학이

익숙하게 실현되기를 바라는 것은 어리석은 일이다. 더욱이 정신건강 실무자들을 위한 자비에 기반한 마음수련은 공감의 증진, 심리적 유연성, 내담자 가치의 발견(이 책의 제5장과 제6장에 명쾌하게 논의됨), 자기친절, 회복탄력성과 연결되어 있다(Seppala et al., 2014).

하지만 임상 현장에서는 정서적 에너지, 시간, 자원이 점점 고갈되어 가고 있고, 임상실무자들은 '권력자'에게 샅샅이 감독을 받고 있으며(Delbanco & Bell, 2007), 고통과 불확실성이 만연한 현실에 처해 있다(Ballatt & Campling, 2011; de Zulueta, 2013). 이러한 열악한 임상 현장에서 '위협'체계가 유지되는 것은 그리 놀라운 일이 아니다. 드 줄루에타(de Zulueta)의 **정서적 공감**(emotional empathy)과 **인지적 공감**(cognitive empathy) 개념 구분은 유용하다. 정서적 공감은 타인과 함께 정서적 상태를 느끼는 경험—공유된 정서 경험—을 의미하고, 인지적 공감은 "타인의 입장을 취해 보거나 타인이 어떠할지 상상할 수 있는 능력"(de Zulueta, 2015, p. 3)을 의미한다.

자비에 기반한 성장의 관점에서 정서적 공감과 인지적 공감 간의 다른 점을 아는 것은 중요하다. 왜냐하면 '함께 느끼기(feeling with)'는 타인의 입장에서 타인이 어떠할지를 상상하는 '새로운 뇌(new brain)' 접근과는 생리학적 · 심리학적으로 다른 경험이기 때문이다. 타인의 입장에서 타인이 어떠할지 상상하는 인지적 공감은 자비와 희망의 여지를 만들어 내면서도 전문적 거리를 유지하게 한다. 때때로 정서적으로 위협적인 작업환경에 처했을 때 정서적 공감 반응과 인지적 공감 반응 사이의 다른 점을 고려한다면, 왜 우리가 이러한 반응의 영향에 대해 마음을 챙겨야 하는지가 더 분명해진다. 본질적으로 위협체계[싸움(fight), 도주(flight), 얼어붙음(freeze) 체계는 생존 양식으로 자기초점화를 촉진하지만 타인과의 연결감과 자비는 감소시킨다. 타인의 고통에 대해 잘 알지도 못한 채 과반응하는 정서적 공감은 오히려 과동일시(병적 동일시)와 심각한 위협을 초래하며, 궁극적으로 타인과의 단절의 발판이 되어 버린다. 하지만 **인지적 공감**은 유용한 대안이 될 수 있다. 인지적 공감의 상상하기, 관점 취하기, 의미 있는 전문적 연결성 등은 자비로운 마음의 도구로 활용 가능하며 희망적인 주도사고와 문제해결을 위한 여지를 마련해 준다. 영국의 경우, 건강관리를 둘러싼 현대의 정치적 분위기를 비판하는 많은 사람은 변함없이 지속되는 위협 상황에서 임상실무자들이 희망과 회복탄력성의 유지를 기대하기가 어렵다고 강조하고 있다. 건강관리에 있어 리더십의 필요성을 토론하는 자리에서 드 줄루에타는 다음과 같이 제안했다. "자기 자비는 임상실무자의 회복탄력성 및 자비 유지를 위한 핵심 요소이다."(2015, p. 4)

나의 경험과 동료들의 이야기로부터 이해한 바를 토대로 다음과 같이 말하고 싶다. 벌이 폭우 속에서 날 수 없고 꽃이 어둠 속에서 광합성을 할 수 없는 것처럼, 희망과 회복탄력성은 자비 없이 번성할 수 없다. 회복의 경험은 개인의 주도사고를 지지하고, 상상력은 목표와 더 큰 희망을 북돋우며, 자비에 기반한 연결은 이 모든 것의 토대가 된다. 오랜 시간 동안 연습하고 성공하고 실패하고 다시 시도하는 경험을 통해 있는 그대로의 자비에 기반한 수용, 성장, 그리고 실천이 가능해질 것이다.

임상실무자가 임상 현장에서 자비를 실천하는 것은 조직 및 정치적 위협과 매일 주어지는 압박이 있기에 더 중요하다고 할 수 있다. 제4장에서 커스틴(아동·청소년의 정신건강 서비스를 담당하는 임상심리학자)은 동료들이 불안과 좌절을 인정하고 견디는 데 있어 자비의 효과에 대해 언급했다. 그녀는 임상실무자팀, 부모 혹은 양육자 그리고 아동·청소년들이 자비를 사용하여 많은 혜택을 경험했다고 강조했다. 제3장에서는 영국 심리학자들과 말라위의 심리학자이자 치료자인 은두마네네 데블린 실룽궤(Ndumanene Devlin Silungwe)의 관점에서 자비를 고려하고 있다. 그들은 전문적 공감이 구미(Euro-American)의 인지적 공감 개념과 유사하다고 보고 있다. 즉, 전문적 공감은 '압도되는 것을 막아 주는 보호 방패로서의 공감'을 의미한다. 영국 임상심리학자 캐롤라인 와이어트(Caroline Wyatt)는 영국의 서비스에서 공감이 얼마나 격려되는지를 살펴보면서 공감이 지나치게 균일하다고 말하고 있다. 데블린이 묘사한 것처럼 훨씬 더 집단주의 문화에서 공감은 종종 타인의 경험 안에 '전적으로 몰입하는 것(total immersion)'을 의미한다(아마도 정서적 공감 형태의 확장). 전문적 공감 접근은 '구원자 역동을 잠재적으로 피하는 것' 그리고 '공감을 잃지 않고 치료적 관계에서 안전한 거리를 만들어 냄으로써…… 임상가의 정서적 부담을 감소시키는 것'일 수 있다. 이는 자기돌봄의 문화적 적응 접근이자, 우리가 일하는 서구 유럽의 개인주의 문화를 상기시키는 또 다른 부분인 것 같다. 이런 부분을 상기할 때마다 나는 나의 10대와 20대 시절에 이야기, 경험, 고향에 대해 함께 나누었던 루마니아, 불가리아, 인도 사람들에게 무한한 감사를 느낀다. 그 당시 나는 나 자신과 타인에 대해 매우 많은 것을 배웠고, 한 사람의 관점이 많은 사람의 필요를 결코 벗어나지 못한다는 중요한 교훈을 배웠다.

아일랜드의 성 패트릭 병원에서 간호부장을 맡고 있는 메리 (Mary)는 자기돌봄을 실천하기 위한 풍부하고 다양한 지식을 갖추고 있고, 성찰, 자기수용, 감사의 효과를 알고 있다. 메리는 타인에게 서비스를 제공할 수 있는 것 자체에 감사하고 있다. 이와 함께 그녀는 돌봄 제공자가 자신의 안녕뿐만 아니라 자신과 타인에게 자비를 실천할 수 있는 능력을 갖추어야 한다고 강조한다. 제5장에서 메리는 건강관리 실무교육자로서의 자기 경험을 토대로 어떻게 '자비가 살아 있는 가치'인지를 예를 통해 설명하고 있다. 메리는 직장에서의 불안과 고충을 다루는 데 있어서 보호자와 환자의 관계에 초점을 맞추고 있다. 그녀는 실무자로서 우리가 경험하는 고충을 인식하는 것이 재생과 회복적 과정의 일부분임을 인정하고 있다. 이러한 임상실무자의 고군분투에 대한 이야기가 관점, 행동, 초점 방향의 변화를 초래하며, 자비 실천에 힘입어 희망과 회복탄력성을 경험하게 한다는 것이다. 리즈와 사라 로슨(Sarah Lawson)은 고충, 실패, 소진 경험 덕분에 궁극적인 목표로 도달하는 새로운 길을 찾았다고 언급한다. 이러한 어려운 시간은 그들로 하여금 희망을 키우게 했고, 주도사고와 스트레스 대처 능력을 회복시켰다.

리즈는 타인의 삶에서 고난과 고군분투를 관찰한 경험 덕분에 임상실무에서, 그리고 개인적으로 힘든 시기를 겪을 때, 진실되고 비판단적이고 자비롭게 수용하는 마음가짐을 가질 수 있었다고 한다. 리즈는 전문가적인 자기(professional self)에서 시작한 자기자비를 개인적인 삶에서도 취하는데, 이는 희망과 회복탄력성으로 향하는 새로운 길을 제공하는 것 같다. 그녀는 실패를 삶의 풍부한 여정의 정상적인 한 부분으로 바라보고 있다. 또한 리즈의 이야기는 희망과 회복탄력성의 순환적 속성의 폭넓은 예를 제시한다. 그녀는 힘든 경험의 결과로 회복탄력성이 발달한다고 이야기한다. 이러한 회복탄력성은 타인을 향한 더 큰 공감과 이해를 촉진한다. 고난과 온갖 고군분투 속에서 인간으로 살아감을 함께 나누면서 희망을 공유할 수 있다. 자신에 대해 친절한 태도로 자신의 경험을 되돌아보는 것은 미래를 향한 희망을 작동시키고 미래에 가능할지도 모르는 것에 대해 지평을 열어 주는 것 같다. 그리고 희망을 증진시키고 회복탄력성을 풍부하게 만들어 주는 것 같다. 또한 중요한 것은 앞으로 다가올 것에 대비하여 어떻게 경험을 다루고 안녕을 유지할 수 있느냐이다.

마지막 장에서 제니(Jenny)는 국민보건서비스(NHS)가 예상치 못한 기술적·사회적·정치적 환경에서 어떻게 의미 없는 사업이 되어 버렸는지 논한다. 국민보건서비스가 타인을 돌보기에는 적당치 않은 곳이 되었다. 그녀는 빈번히 사용되는 수치심의 언어가 사람들로 하여금 성공을 강요하도록 동기화시켰다고 강조한다. 많은 학자와 실무자의 연구로부터 알고 있는 바이지만, 제니는 특히 수치심 연구자 브레네 브라운(Brené Brown, 2012)을 소개하면서 수치심은 종국에는 행동의 변화에 거의 영향을 미치지 못한다고 주장한다. "수치심은 자기에게 초점을 맞추고, 죄책감은 행동에 초점을 맞춘다." 또한 제니는 영국의 보건 시스템이 설립 당시에 근간이 되었던 소속감을 통한 친밀감 형성과 안전의 개념과는 거리가 멀어져 버렸다고 강조한다. 더욱이 이 책에서 반복적으로 나오는 주제와 광범위한 출판물들에서는 돌봄관계 속에서 진심 어린 연결을 통해 희망을 길러 내는 일이 관련된 모든 사람에게 보다 긍정적인 경험을 촉진한다는 사실을 입증하고 있다. 희망을 공유할 때 역경에 직면하더라도 회복탄력성을 키워 낼 수 있다. 만일 '돌보는 사람'으로서 우리가 자비를 토대로 스스로를 수련한다면 개인적·관계적·조직적 수준에서 성과가 나타날 것이다. 시몬은 집단 맥락에서 보편적 인간성과 공동체 및 소속감의 중요성을 강조한다. "사람마다 정서적 경험에서의 같은 점과 다른 점이 있다는 것은 오히려 인간성에 대한 이해를 향상시키고 지원해 주며, 풍부한 인간성 경험을 제공한다."

　사라와 커스틴은 '전문가적 자기가 되어 가는' 과정에서 자비에 기반한 성장을 강조했다. 사라는 자기비판에서 나온 고군분투가 비록 실패가 두렵고 충분히 좋은 사람이 되지 못할까 봐 두려워서 새로운 시도를 하는 데 있어서 낙담시키지만 어떤 식으로든 효과적일 수 있다고 성찰한다. 그녀는 자기자비의 볼륨을 높이는 데 도움이 되는 '새로운 가능성을 그려 보기'의 힘에 대해 언급하고 있다. 나는 사라가 새로운 가능성을 그려 본다고 말하는 대목에서 자비로운 마음 실천을 스나이더의 희망이론(Snyder's Hope Theory)(예: 2000, 2002)에 직접 연결할 수 있었다. 즉, 이는 자비 실천을 위해 진화된 '새로운 뇌'의 심상의 힘을 활용해 경로를 개발하여(Gilbert, 2010, p. 6 참조) 궁극적으로 바람직한 목표에 더 가까이 가기 위해 주도사고를 증진시키는 데 목적이 있다. 커스틴은 임상실무자가 자기자비를 키워야 하는 이유를 고려하는 데 있어서 책무성을 정면에 내세웠다. 커스틴은 임상실무자는 자기돌봄을 위한 시간을 마련하고 자신의 일을 할 때 자비에 기반한 지혜를 활용해야 할 책무성을 지녀야 한다고 말한다. "자기자비는 일 처리 시간의 오차, 예상치 못한 임무, 위기 작업을 처리하는 데 도움이 된다." 우리가 일하는 곳은 예상치 못한 일들이 발생하기 마련이다. 우리의 일이 확실하고 예측 가능하다고 이상화하기보다는 '오차'를 예상하고 실제 현장에 맞추어 조율하자는 조언을 받아들이자. 우리가 이러한 조언을 받아들인다면 전문가적 자기로 성장하는 데 필요한 자기돌봄과 계속적인 자비에 기반한 성장을 이룰 수 있을 것이다.

> 자비는 작업환경에서의 하나의 표현이고 전념을 의미한다.
> 자비는 대인관계나 프로젝트에 있어 핵심이다.
>
> —메리 프렌더개스트—

홍미롭게도, 이 책의 대부분은 자비, 특히 자기자비를 실천하는 데 있어서의 내·외적 위협을 논하고 있다. 전문적 임상실무에서 자비를 실천하거나 자비에 기반한 성장을 발달시키는 데 있어서의 위협, 추동, 위로 간 관계를 [그림]에 요약해서 제시하였다. 이 그림은 폴 길버트의 정서조절체계의 세 가지 정서 형태를 각색한 버전이다. 때로는 특정 환경에서 자비를 실천하는 것이 어렵다. 하지만 저자들은 자기와 타인을 위한 자비를 키워 가는 데 전념하고 이러한 자비 실천에 대해 정당한 지지를 받는다면 무결점의 성공만을 추구하기보다 할 수 있는 최선을 다하는 것을 수용하는 것만으로도 희망이 빈번히 찾아올 것이라고 언급한다.

추동

도움을 주고 고통을 줄이고자 하는 욕구

의미와 목적 발견하기

자비와 책무성에 전념하기–적극적으로 희망 쌓기

회복탄력성을 발달시키고,
주도사고에 대한 인식을 높이기 위해 역경 경험하기

타인의 대처 전략을 보며 학습하기–
공유된 경험으로부터 학습하기

**자비에 기반한
성장**

위협

체계적인 위협
(예: 따돌림, 표적 되기/비난 문화)

완벽주의 포기하기–새로운 목표 지점
발견하기

자기자비 실천의 위협요소들
(예: 사치, 이기, 방종)

취약성과 완벽하지 못함을 포용하기

위로

소속감과 연결감

성찰과 학습을 위한 안전한 공간

애정을 받고 가치 있게 여겨지는 느낌

수용과 책무성의 역할을 인식하면서
자기친절을 위한 안전한 공간

[그림] 길버트의 정서적 자기조절 체계 모델을 각색한,
전문가적 자기를 위한 자비에 기반한 성장의 발달

자비로 온전함 키우기

이 책에서는 자비가 어떻게 일치성, 연대감, 온전함을 이끌어
낼 수 있는지에 대한 많은 사례를 담고 있다. 예를 들어, 리즈는 자
비의 경험을 단지 인지적 과정만이 아닌 충만한 경험, 즉 깊은 공
감으로 묘사하고 있다. 비록 이러한 자비가 치료적 관계에 긍정적

일 수 있다는 점을 강조하고 있지만, 실제로 자비는 임상실무자에게 가치가 있다. 재활 자문가 및 작업치료사 에디스 매킨토시(Edith Macintosh)는 타인의 괴로움에 대해 **강렬한 감정이 느껴졌다**고 밝히면서 메리가 언급했던 것처럼 내담자의 의미와 희망을 키우는 데 있어서 내담자의 가치를 따라가고자 노력했다고 논하고 있다. 아마도 내담자와 함께 자원과 대리적 회복탄력성에 대해 나누면서 희망적인 경로와 주도사고를 확장시켰을 것이다. 에디스는 또한 자신이 타인을 돌보는 데서 오는 충만함과 만족감을 어떻게 경험했는지도 설명하고 있다. 그녀는 타인의 괴로움을 완화하고자 하는 임상실무자의 추동을 예로 들고 있다. 즉, 임상실무자는 내담자의 괴로움을 완화하고자 하는 행동의 일환으로 공감적 반응을 하는데, 이러한 공감적 반응은 고통의 상상 또는 대리경험을 통해 임상실무자로부터 불편함을 촉발한다. 하지만 결과적으로 내담자와 임상실무자는 인간 대 인간의 연결감을 통해 함께 치유 경험을 하게 된다. 에디스는 "자비는 항상 편안하거나 불편한 것이 아니다."라고 성찰하고 있다. '힘든 길을 함께 걷기'와 같이 자비의 공유성과 역동적인 속성을 인정한다면 회복적 특성을 촉진할 수 있다.

온전함과 연대감을 고려하는 것 또한 대리적 회복탄력성에 도움이 된다(Hernández, Gangsei, & Engstorm, 2007). 나는 아동기 성적 학대 생존자를 위한 언어치료의 효과를 검토한 최근 연구(Parry & Simpson, 2016)를 살펴보면서 대리외상과 회복탄력성의 힘에 강한 인상을 받았다. 어떤 생존자들은 타인의 비참한 이야기를 듣는 것에 매우 고통스러워했고 이는 자신의 트라우마 경험을 촉발했다고 보고했다. 반면, 어떤 생존자들은 타인의 이야기를 통해 스스로 찾으려고 고군분투했던 희망적인 결말을 찾게 되었다고 했다.

이와 유사하게, 내가 작년에 실시했던 자비에 기반한 마음수련 집단의 참가자 중 한 명은 다양한 자기 연습을 통해 자기이해와 온전함에 대한 인식을 증진시켰다고 언급했다. "여러분은 이때까지 알지 못했던 여러분의 어떤 측면을 보게 될 거예요. 그리고 이러한 새로이 발견한 측면은 여러분에게 도움이 될 겁니다. …… 알지 못했던 우리의 측면을 이해하기 시작하기 때문이에요."(Merry: Parry & Malpus, 2017, p. 10에서 인용). 이 책에서 제시된 이야기들, 그리고 공유된 자비의 활용에 대한 동료와 학생들과의 논의를 통해서 볼 때 자비에 기반한 수용과 자기자비는 온전함에 대한 인식을 증진시키는 데 핵심인 것 같다. 즉, 자비에 기반한 수용과 자기자비는 위협을 느낄 필요도 없는 안전한 공간을 창조해 준다. 타인과 자비를 공유하는 경험, 스스로에게 느끼는 자비에 열린 마음을 가지는 것은 (비록 자기비판과 같은 어떤 자기들은 불편할 수 있겠지만) 연결감을 통한 안녕을 증진시키며 가정과 일터에서 희망과 회복탄력성을 작동시킬 수 있다.

자비 공유를 위한 지침: 실제로 희망과 회복탄력성 증진시키기

① 다른 사람에게서 희망적인 주도사고를 본받자. 그리고 자신의 능력이 의심스러울 때조차도 '나는 할 수 있다'고 믿는다면, 원하는 목표를 향해 우리가 선택한 일련의 행동에 대한 믿음이 향상될 수 있다.

② 우리는 종종 통합된 전체 자기가 아니라 그 당시 일련의 경험

에 대한 반응으로서 자신을 인식한다. 그리하여 우리 자신을 취약하다고 느낄 수 있다. 따라서 우리가 공유된 자비를 필요로 하는 우리의 요구와, 자비를 나누는 것의 필요성을 인정하는 것이 중요하다.

③ 타인들이 고군분투로부터 어떻게 성공하고 극복했는지 그 사례를 찾아보자. 즉, 우리가 역경에서 회복하는 길로 찾아가면서 우리의 능력이 위협받고 있을 때 대리적 회복탄력성을 학습하는 것이 도움이 된다. 우리는 타인의 회복탄력성을 보면서 목표와 희망을 향한 새로운 길을 창조할 수 있다. 공유된 자비의 길을 열어 두는 것은 자기친절, 위로, 희망의 가능성을 증진시켜 준다.

④ 자비에 기반한 수용을 담아낸다면, 즉 위계 없이 그리고 인간 존재의 혼란스러움을 인정하면서 타인과의 연대감을 허용한다면, 공유된 자비로운 공간에서 희망과 회복탄력성이 길러질 수 있다.

참고문헌

Ballatt, J., & Campling, P. (2011). *Intelligent Kindness: Reforming the Culture of Healthcare*. London: The Royal College of Psychiatrists Publications.

Brown, B. (2012). *Listening to Shame* [TED talk]. Available at www.ted.com/talks/brene_brown_listening_to_shame, accessed on 21 February 2017.

de Zulueta, P. (2013). Compassion in 21st century medicine: Is it sustainable? *Clinical Ethics*, *8*(4), 87-90, 119-128.

de Zulueta, P. (2015). Developing compassionate leadership in health care: An integrative review. *Journal of Healthcare Leadership, 2016*(8), 1-10.

Delbanco, T., & Bell, S. K. (2007). Guilty, afraid, and alone—struggling with medical error. *The New England Journal of Medicine, 357*(17), 1682.

Gilbert, P. (2010). *Training Our Minds in, with and for Compassion. An Introduction to Concepts and Compassion-Focused Exercises.* Available at http://wtm.thebreathproject.org/wp-content/uploads/2016/03/COMPASSION-HANDOUT.pdf, accessed on 21 February 2017.

Gilbert, P., & Procter, S. (2006). Compassionate mind training for people with high shame and self-criticism: Overview and pilot study of a group therapy approach. *Clinical Psychology and Psychotherapy, 13*(6), 353-379.

Hernández, P., Gangsei, D., & Engstrom, D. (2007). Vicarious resilience: A new concept in work with those who survive trauma. *Family Process, 46*(2), 229-241.

International Society for the Study of Trauma and Dissociation (2011). Guidelines for treating dissociative identity disorder in adults, third revision. *Journal of Trauma and Dissociation, 12*(2), 115-187.

Kapoulitsas, M., & Corcoran, T. (2015). Compassion fatigue and resilience: A qualitative analysis of social work practice. *Qualitative Social Work, 14*(1), 86-101.

Krasner, M. S., Epstein, R. M., Beckman, H., Suchman, A. L. et al. (2009). Association of an educational program in mindful communication with burnout, empathy and attitudes among primary care physicians. *JAMA, 302*(12), 1284-1293.

Parry, S., Lloyd, M., & Simpson, J. (2016) Experiences of therapeutic relationships on hospital wards, dissociation and making connections. Journal of Trauma and Dissociation. Available at www.tandfonline.com/doi/full/10.1080/15299732.2016.1241852, accessed on 21 February 2017.

Parry, S., & Malpus, Z. (2017). Reconnecting the mind and Body: A pilot study of developing compassion for persistent pain. *Patient Experience Journal, 4*(1), 145-153.

Parry, S., & Simpson, J. (2016). How do adult survivors of childhood sexual abuse experience formally delivered talking therapy? A systematic review. *Journal of Child Sexual Abuse, 25*(7), 793-812.

Raab, K. (2014). Mindfulness, self-compassion, and empathy among health care professionals: A review of the literature. *Journal of Health Care Chaplaincy, 20*(3), 95-108.

Seppala, E., Hutcherson, C., Nguyen, D., Doty, J., & Gross, J. (2014). Loving-kindness meditation: A tool to improve healthcare provider compassion, resilience, and patient care. *Journal of Compassionate Health Care, 1*(1), 9.

Snyder, C. R. (2000). *Handbook of Hope Theory, Measures and Applications.* San Diego, CA: Academic Press.

Snyder, C. R. (2002). Hope theory: Rainbows of the mind. *Psychological Inquiry, 13*(4), 249-275.

Stellar, J. E., Cohen, A., Oveis, C., & Keltner, D. (2015). Affective and physiological responses to the suffering of others: Compassion and vagal activity. *Journal of Personality and Social Psychology, 108*(4), 572-585.

관련 읽기 자료

A wonderful space for women of all stages: www.wellbeingofwomen.
   org.uk

Ali Miller's website: Befriending Ourselves. Resources for Inner Peace
   and Compassionate Self-care: www.befriendingourselves.com

Brené Brown, Researcher and Storyteller, 'Maybe stories are just data
   with a soul': http://brenebrown.com

Brené Brown's film about empathy: www.youtube.com/watch?v=
   1Evwgu369Jw

Innovation and proactivity around wellbeing: www.wellbeingenterprises.
   org.uk

Michael Margolis at TEDxFurmanU: The stories we choose to live: www.
   youtube.com/watch?v=fwlT6eUpTNM

Self-Compassion, Kristin Neff, 'With self-compassion, we give ourselves
   the same kindness and care we'd give to a good friend': http://self-
   compassion.org

Workplace wellbeing: www.mind.org.uk/workplace/mental-health-at-
   work/takingcare-of-yourself/five-ways-to-wellbeing

찾아보기

내용

편저자 소개

사라 패리(Sarah Parry)는 영국 맨체스터 메트로폴리탄 대학교(Manchester Metropolitan University)의 부교수이며, 맨체스터에서 주거용 아동 돌봄 서비스 실무를 담당하는 임상심리학자이다. 연구 관심사는 사례개념화의 치료적 활용, 내담자와 임상실무자를 위한 자비 실천의 치료적 유용성이다. 그리고 그녀는 관계 단절을 경험한 사람들의 생생한 경험, 학대와 방임을 경험한 아동ㆍ청소년의 대처기제에 대해 탐구하고 있다.

저자 소개

시몬 볼(Simone Bol)은 맨체스터 메트로폴리탄 대학교의 부교수로 일하고 있으며, 임상언어학과 응용심리학 전공에서 스피치 및 언어 치료학을 가르치고 있다. 다양한 의사소통에 어려움을 겪는 아동과 성인에 대한 평가와 개입을 제공하고 있으며, 안전하고 개방적인 지역사회 환경에서 정신건강에 어려움을 겪는 성인과 아동을 임상적으로 지원하는 일을 수년간 해 오고 있다. 현재 상담심리학 박사과정 중으로, 마인드 앤 저스트 심리상담소(Mind and Just Psychology CIC)에서 수련상담원으로도 활동하고 있다. 시몬은 정신신경적 다양성, 문화적 다양성, 언어적 다양성을 포함한 다양성을 다루는 일에 초점을 맞추고 있다. 임상 및 학술적 관점에서 언어와 정체성 분야에 특히 관심이 많고, 언어학과 사회과학 분야의 고급 학술 연구에 참여해 왔다. 또한 학문적 학습뿐만 아니라 경험적 학습, 학습 영역들 간의 관계를 탐구하는 것에 특별한 관심을 가지고 있다. 자비는 그녀의 모든 연구 분야에서 변함없이 영감과 포부를 주는 주제이다.

제니 셔틀워스 데이비스(Jenny Shuttleworth Davies)는 랭커스터 대학교(Lancaster University) 박사과정 임상심리 수련 프로그램(DClinPsy training programme)의 임상강사이다. '개인적 발달 및 성찰(Personal Development and Reflection)'이라는 교육과정을 담당하고 있으며, 지난 5년 동안 임상심리 수련생이 참여하는 자비에 기반한 마음 집단의 촉진자 역할을 하고 있다. 임상 및 연구적 관심사는 애착이론과 주산기(perinatal period)이다. 또한 우간다와 영국 사회의 정서적 안녕 향상을 목적으로 하는 국제적 협력체 '이야기 나눔(Sharing Stories)' 집단의 회장이다.

에디스 매킨토시(Edith Macintosh)는 보건관리 분야에 경력이 있는 공인 작업치료사로, 임상가와 서비스 관리자로서 많은 경험을 가지고 있다. 그녀는 2009년부터 스코틀랜드의 돌봄 서비스 점검 및 개선을 위한 감사기구(Care Inspectorate)에서 일했다. 초기에는 돌봄 서비스를 이용하는 사람들의 삶을 개선하기 위해 여러 기관과 협력하여 사회복지 분야에서 국가개선사업을 주도하는 재활 컨설턴트로 일했다. 2017년 1월 그녀는 개선지원사업의 책임자로 임명되어, 현재 스코틀랜드 전역에서 사회적 돌봄 및 사회사업의 향상을 추진하고자 조직의 활동 개선을 이끌어 내고 있다. 사람들의 권리와 모든 사람이 상황이나 능력에 상관없이 참여하고 기여하며 삶을 최대한 즐기는 일이 가능하도록 하는 것에 열의를 가지고 있다.

시애라 조이스(Ciara Joyce)는 랭커스터 대학교의 임상심리학 박사과정 수련생 졸업반에 재학 중이다. 안녕에 대한 포괄적이고 지속 가능한 접근 방식을 육성하는 데 관심이 있다. 완벽하지 않을지라도 건강과 행복을 추구해 가는 과정에서 서비스 이용자와 임상실무자가 함께 동반자로 작업하는 접근 방식을 취한다. 그녀는 이 과정에서 자기자비가 핵심이라고 믿는다. 그리고 자비를 실천으로 옮기기 위해 도전하는 가운데 느끼는 즐거움이 그녀 자신의 수련과정에 상당 부분 포함되어 있다고 생각한다.

커스틴 애서턴(Kirsten Atherton)은 영국 북서부, 스코틀랜드 서부의 몇몇 지역에서 아동과 가족의 신체 및 정신 건강 서비스 분야에서 일했다. 리버풀 대학교(University of Liverpool) 박사 수련과정을 통해 임상심리학자 자격을 취득했으며, 2013년 메리 웰포드(Mary Welford) 박사가 지도하는 자비중심 방법의 입문 수련과정을 이수했다. 커스틴은 자비수련이 자신의 기존 관점과 자연스럽게 잘 맞고 또한 영감을 부여한다는 것을 알게 되었다. 따라서 그 이후 임상 실제, 더 나아가 삶에서 자비 접근법을 채택하고자 노력해 왔다.

사라 로슨(Sarah Lawson)은 심리학자이자 코칭심리학자이며 ICF 공인 코치이다. 전인적인 접근을 도입하여 통합적이고 창의적인 방식으로 일하고 있다. 사라는 심리학, 정신건강 및 안녕 분야에서 15년 이상의 경력을 쌓았으며, 연구 관심 분야는 공감피로, 외상 후 성장, 회복탄력성이다. 그녀는 영국과 중동의 NHS 및 민간 분야에서 근무했다.

메리 프렌더개스트(Mary Prendergast)는 아일랜드 티퍼래리주 캐셜에 있는 성 패트릭 병원(St. Patrick's Hospital)의 간호부장이다. 지난 16년 동안 메리는 서비스 이용자가 보건 서비스 개발에 참여하도록 하는 활동을 지역적·전국적으로 실시해 왔다. 아일랜드 남티퍼래리에 위치한 최초의 SUF 공공 서비스 이용자 집단의 책임을 맡고 있으며, 수년간 '환자 참여 지도자(Patient Participation Principal)' 프로그램에 폭넓게 기여해 왔다. 메리는 간호 및 지원 인력 수련, 서비스 이용자를 위한 양질의 프로그램, 실무 개발 및 조직 변화에 전문성을 가지고 있다. 현재 '간호 및 조산술 교육 부서 지역센터(Regional Center for Nursing and Midwifery Education Unit)'에서 교육을 담당하고 있다. 메리는 디브리핑(debriefing)에 특별한 흥미와 실무 능력을 갖춘 '휴먼 기븐스 카운슬러(Human Givens Counsellor)'로, 심리학, 심리치료, 코칭에 관한 프로그램을 개발했다.

리즈 톨런타이어(Liz Tallentire)는 임상심리학자, 어머니, 마음챙김 교사, 스쿠버다이버이다. 개인 임상심리 센터를 운영하며, NHS에서 일하고 있다. 특히 애착관계와 정서조절에 관련된 치료와 연구에 관심이 있다. 『지적장애 응용 연구 학회지(Journal of Applied Research in Intellectual Disabilities)』에 질적 참여 연구를 게재했으며, 제13회 학습장애 범죄자의 돌봄 및 치료에 관한 국제 회의(International Conference on the Care & Treatment of Offenders)의 회의 의사록을 작성했다. 논문「간질성, 비간질성 발작과 관련된 심리학적 요인 (Psychological factors related to epileptic and non-epileptic seizures)」에는 애착, 정서조절, 트라우마를 통합한 양적·경험적 연구가 포함되어 있다.

한나 윌슨(Hannah Wilson)은 NHS에서 일하며, 프리랜서로도 활동하는 공인 임상심리학자이다. 개인 및 전문성 발달에 깊은 관심을 가지고 있다. 자비에 대한 이해를 계속 추구해 가고 있으며, 실제 삶에 적용하고 있다.

캐롤라인 와이어트(Caroline Wyatt), 올리비아 워드햄(Olivia Wadham), 에이미 디사(Amy D'Sa)는 영국의 임상심리학자로, 랭커스터 대학교에서 임상심리학 박사과정 중에 만났다. 학업 중에 그들 각자 국제 정신건강 문제에 대한 관심을 발전시켰고, 말라위와 우간다에서 일하면서 이러한 문제들을 탐색하는 시간을 보냈다. 그들은 2014년에 데블린(Devlin, 말라위에 본거지를 둔 극소수의 임상심리학자 중 한 명)을 만나 말라위 임상심리학자 수련생들의 취업 기회를 개발하기 위해 함께 일해 왔다. 그들은 우모자 신탁(Umoza Trust)이라는 자선단체의 설립 수탁자이다. 이 단체는 상호학습을 목적으로 정신건강 서비스 간의 국제적인 관계를 발전시키고 있다.

역자 소개

이은진(Lee Eun Jin)

　이화여자대학교 심리학과에서 상담심리학으로 박사학위를 받았다. 국민대학교 교육대학원 초빙교수, 고려대학교 대학교육개발원 연구교수, 이화여자대학교 학생상담센터 연구원과 특임교수를 역임했으며, 현재는 명지대학교 청소년지도학과 객원교수로 재직 중이다. 역서로는 『상담 및 임상 실무자를 위한 정신역동이론』(공역, 학지사, 2009), 『감정 공포 치료: 단기역동정신치료(STDP) 실습 매뉴얼』(공역, 학지사, 2015), 『아동·청소년 성격장애 치료: 관계적 접근』(공역, 학지사, 2018), 『상담 사례에 기반한 심리상담 이론과 실제』(공역, 시그마프레스, 2019), 『성격장애의 정신역동치료』(공역, 학지사, 2020)가 있다.

조영미(Cho Young Mi)

　중앙대학교 교육학과에서 교육상담학으로 박사학위를 받았다. 한국청소년상담복지개발원 선임상담원, 한국방송통신대학교 진로심리상담실 전임상담원을 역임하였으며, 현재는 이화여자대학교 학생상담센터 특임교수로 재직 중이다. 역서로는 『대상사랑과 현실: 정신분석적 대상관계 이론 소개』(공역, 하나의학사, 2018), 『사랑받는 느낌: 의미있는 관계를 키우고 지속적인 행복을 만드는 과학』(공역, 하나의학사, 2018)이 있다.

임상실무자의 자기돌봄과 회복탄력성
-스트레스 및 공감피로 그리고 소진에 대한 대처-

Effective Self-Care and Resilience in Clinical Practice:
Dealing with Stress, Compassion Fatigue and Burnout

2021년 5월 20일 1판 1쇄 인쇄
2021년 5월 30일 1판 1쇄 발행

엮은이 • Sarah Parry
옮긴이 • 이은진 · 조영미
펴낸이 • 김진환
펴낸곳 • ㈜**학지사**

　　　　04031 서울특별시 마포구 양화로 15길 20 마인드월드빌딩
대표전화 • 02-330-5114　　팩스 • 02-324-2345
등록번호 • 제313-2006-000265호

홈페이지 • http://www.hakjisa.co.kr
페이스북 • https://www.facebook.com/hakjisabook

ISBN 978-89-997-2409-1　93180

정가 14,000원

　　출판 · 교육 · 미디어기업 **학지사**

　　간호보건의학출판 **학지사메디컬** www.hakjisamd.co.kr
　　심리검사연구소 **인싸이트** www.inpsyt.co.kr
　　학술논문서비스 **뉴논문** www.newnonmun.com
　　원격교육연수원 **카운피아** www.counpia.com